生活在树上

卡尔维诺传

ALBUM

CALVINO

[意大利] 卢卡·巴拉内利 埃内斯托·费里罗 编著

毕艳红 译

译林出版社

目录

前　言

我们想借卡尔维诺本人所著，已出版的或未出版的作品，或依据与他相关的信件、访谈、各种证明或其他文件（主要是零散的或鲜为人知的文件），为读者献上一份知识分子的传记，以此作为纪念。卡尔维诺与我们在埃伊纳乌迪出版社共同度过的那些不可磨灭的岁月的记忆，以及与他的珍贵友谊，一直指引着我们。

书中部分配图来自卡尔维诺家庭珍藏，之前从未发布过，由埃丝特·卡尔维诺首次公开，谨对此表示特别感谢。没有她慷慨及时的帮助，本书将会黯然失色。

我们的工作不追求纤悉必具，因为在卡尔维诺研究领域，前人已经做了很多工作，也有很多工作正在进行；幸运的是，无论在意大利还是在国外，这个“工地建设”一直如火如荼；我们只希望本书能够使读者进一步认识了解这位二十世纪最重要的作家。这是一本指南，通过卡尔维诺作品的严谨且极为现代的认知框架，介绍其生活工作过的地方及作品的主题。卡尔维诺已离我们而去，但他的作品依旧是我们认识我们所处的日益复杂的现实的精妙工具。

卢卡·巴拉内利，埃内斯托·费里罗

1995 年，2003 年

1995 年，伊塔洛·卡尔维诺逝世十周年之际，《生活在树上：卡尔维诺传》首次于“子午线”系列丛书中面世，随后于 2003 年在“奥斯卡”丛书中再版。在卡尔维诺诞辰一百周年之际，《生活在树上：卡尔维诺传》以全新的形式以及更丰富的资料重新出版，以飨读者。其中大部分影像资料来自卡尔维诺档案馆，现存于罗马国立中央图书馆。

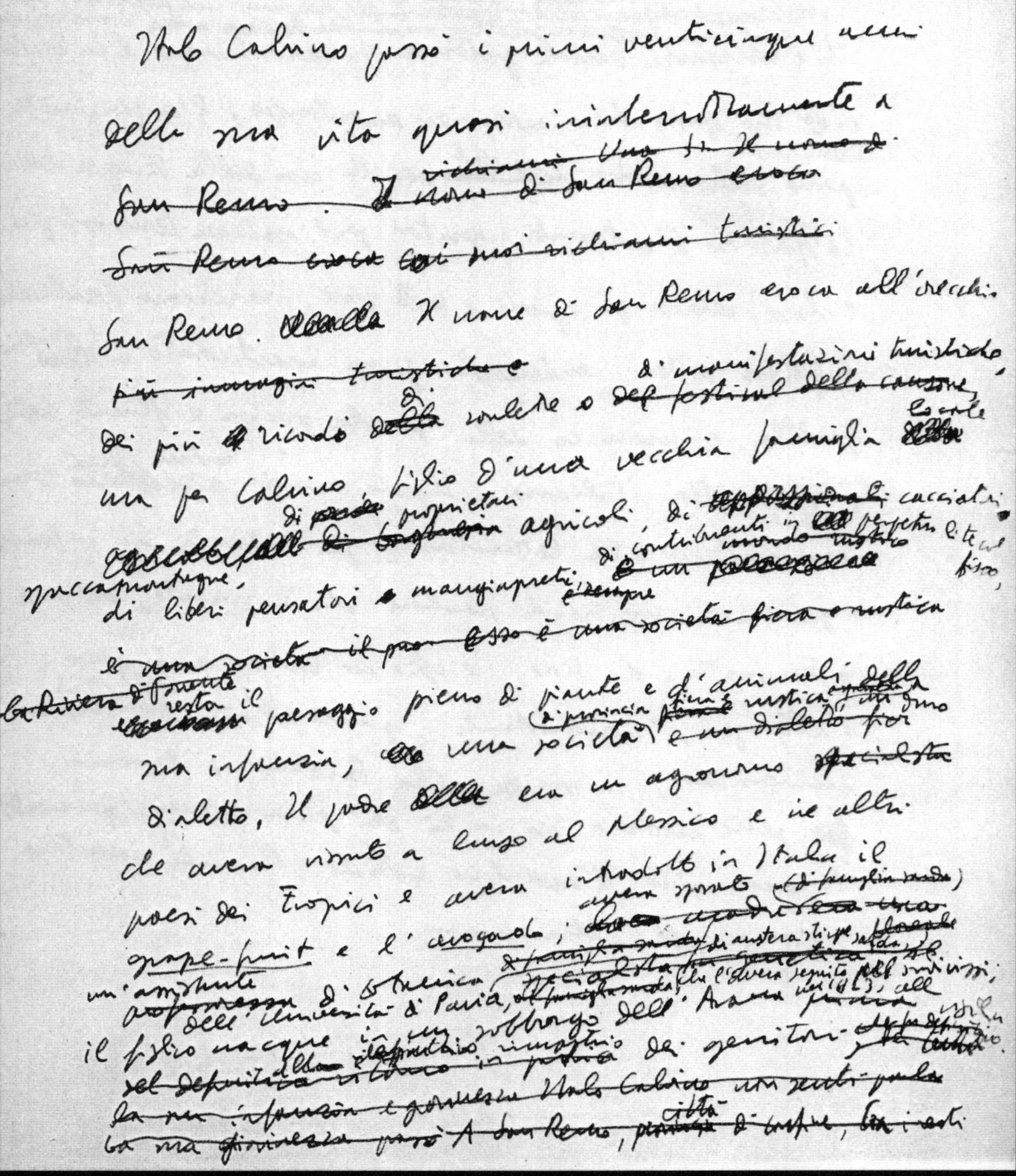
Italo Calvino passò i primi venticinque anni
della sua vita quasi ininterrottamente a
San Remo. Il nome di San Remo evoca all'orecchio
di manifestazioni turistiche,
dei più il ricordo di roulette o del festival della canzone,
ma per Calvino, figlio d'una vecchia famiglia locale
di proprietari agricoli, di cacciatori
di contribuenti in perpetua lite col fisco,
spaccamontagne,
di liberi pensatori e mangiapreti, è sempre
resta il paesaggio pieno di piante e di animali della
sua infanzia, e una società di provincia rustica
dialetto. Il padre era un agronomo
che aveva vissuto a lungo nel Messico e in altri
paesi dei Tropici e aveva introdotto in Italia il
grape-fruit e l'avocado; aveva sposato
di austera stirpe sarda,
un'assistente di botanica dell'Università di Pavia, che l'aveva seguito nei suoi viaggi;
il figlio nacque in un sobborgo dell'Avana nel 1923, nella villa
A San Remo, città

自传手写稿片段，可能写于 1970 年。

伊塔洛·卡尔维诺生命中的前二十五年几乎都是在圣雷莫度过的。圣雷莫这个名字会让人联想到轮盘赌或旅游，但对卡尔维诺来说，这里一直保留着他童年时的自然风貌，是一个充满野性和质朴的地方社会，这里的方言发音生硬。卡尔维诺出身于当地一个古老的农场主家庭，他的家族喜欢狩猎，思想自由，反对宗教，作为纳税人，与税务部门时有摩擦。他的父亲是一位农学家，曾长期旅居墨西哥和其他热带国家，并将葡萄柚和牛油果引入意大利；他与帕维亚大学的一位植物学教师喜结连理，她具有淳朴的撒丁岛血统，在之后的旅途中，她一直伴随在他的左右；他们的儿子于 1923 年出生于哈瓦那的郊区，当时他们正准备启程回国。

Egli crebbe dunque in un ambiente familiare ricco di ricordi esotici e di rapporti col vasto mondo, in una cittadina di frontiera dove sopravvivevano ancora i resti del cosmopolitismo "belle époque"; ma la chiusura nazionalistica dell'epoca aveva i suoi spiragli. L'esuberanza verbale paterna, in varie lingue e in dialetto, e il suo gusto delle narrazioni avventurose, l'imposizione da parte della madre del corretto uso della lingua italiana, la puntigliosità d'entrambi i genitori per l'esattezza terminologica e classificatoria dei generi e delle specie, marcarono nevroticamente il futuro scrittore rendendolo quasi inarticolato in qualsiasi favella e maniaco della parola precisa e fluente nella prosa scritta italiana. Il suo mondo restava però quanto mai lontano della letteratura; per tutta la sua infanzia e giovinezza non sentì parlare che di piante, da frutto, da fiore, e gli ne restò una specie d'allergia; conformemente, giunto all'età degli studi universitari, si iscrisse alla Facoltà di Agraria, senza andare più in là dei primi esami, sperando in una vita d'avventure esotiche. L'avventura arrivò sotto altra forma

因此，伊塔洛成长于一个充满异国情调、博闻广识的家庭，成长于一个依然保留着“美好时代”的世界主义的边陲城市，当时封闭的民族主义也初见端倪。他的父亲言语奔放，各国语言和地方方言交替使用，他的母亲则严格要求正确使用意大利语；父母在学术上都十分严谨，要求物种术语和分类绝对精确，这些都给这位未来的作家打上了神经质般的烙印，使得他在口语表达中不善言辞，在书面语中则狂热追求语言的精准与流畅。然而，当时他的世界与文学相去甚远；在童年和青年时期，他的日常所闻只有植物，要么是花要么是果，这一度让他对植物产生了反感。尽管如此，到了上大学的年龄，他还是进入农学系就读，希望能过上异国冒险的生活。但因种种原因，他只通过了最初的几门考试，就中断了农学专业的学习。最终，他走上了另一种形式的冒险之路。

古巴
与
圣雷莫

上页：伊塔洛 · 卡尔维诺，摄于 1936 年。

本页：卡尔维诺的父母，马里奥 · 卡尔维诺与埃维莉娜 · 马梅利，摄于蜜月期间（1920—1921 年冬）。

传记或个人信息属于极为隐私的内容。公开这些信息犹如进行心理分析。（至少我认为，我从未进行过心理分析。）

首先，我是天秤座。因此，在我的性格中，平衡与不平衡相互制衡。我父母在加勒比海旅居多年之后决定回到祖国，我就在此时出生了。由此，这种漂泊不定感一直让我对别处充满憧憬。

我父母在植物王国中施展才智，展现植物界的神奇现象与演化规律。我则被另一个植物界——文字丛林所吸引，因而拒绝了父母本来要教给我的那些知识；人类的智慧对我而言同样是陌生的。

我在里维埃拉，在那个独有的小天地中度过了童年和青年时期。那里海湾拥着大海，崇山峻岭峥嵘而崔嵬，似天然屏障护佑着我。狭窄的沿海公路将我与意大利分隔开来，近在咫尺的国界线将我与世界分隔开来。走出那方天地是我在重蹈出生的创伤，只是直到现在我才明白。

1921年9月，卡尔维诺的父母在墨西哥圣胡安特奥蒂瓦坎附近。这张照片摄于太阳金字塔顶部，旁边是一个火盆。我们从埃维莉娜对照片的亲笔说明中得知，背景中的三个印第安人在演奏一曲原始小调。

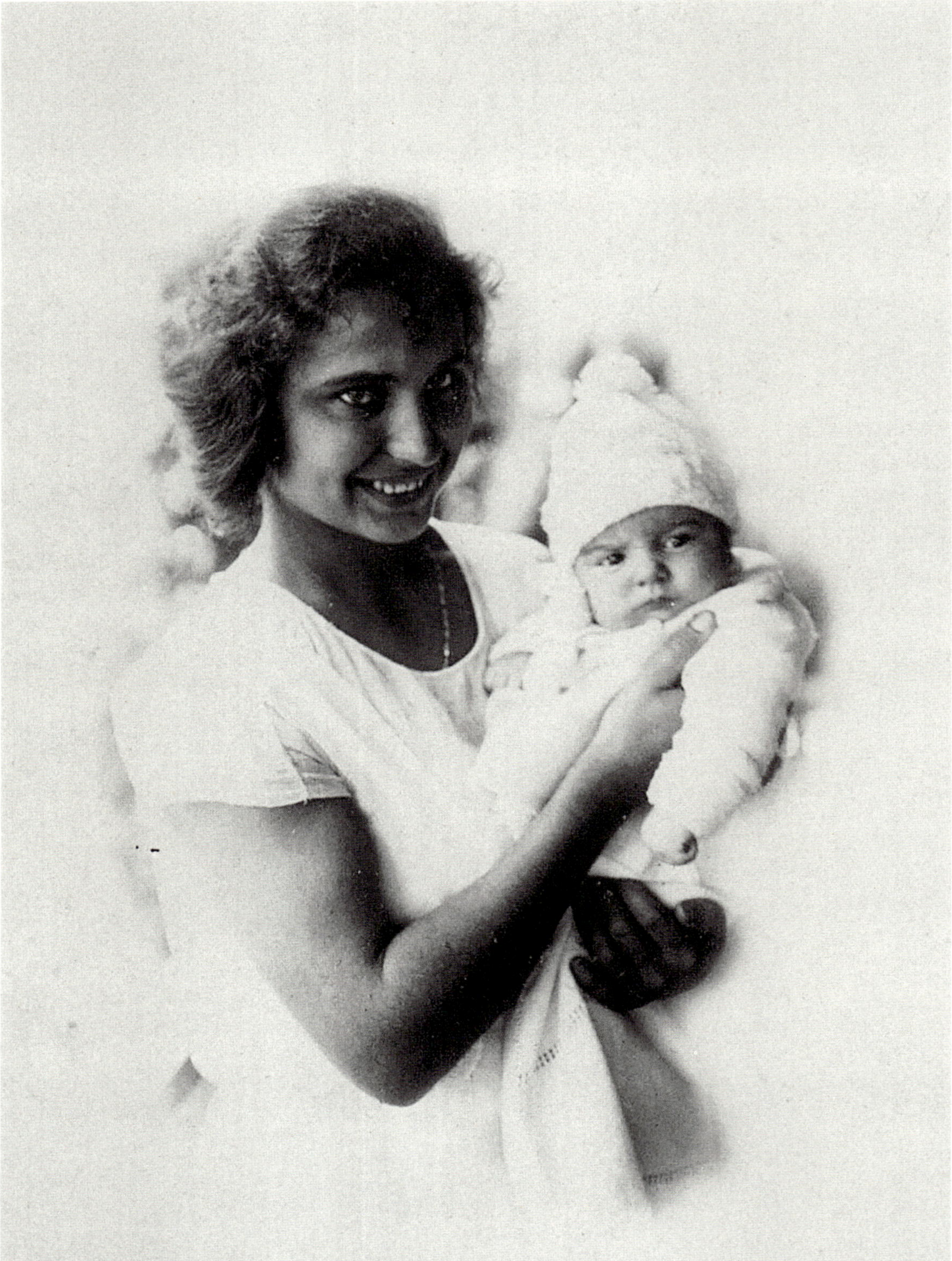

保姆恩卡纳西翁抱着两个月大的伊塔洛，摄于古巴的圣地亚哥·德·拉斯维加斯。

1902年马梅利一家在卡利亚里。前排就座的分别是卡尔维诺的外祖父乔万尼·巴蒂斯塔，外祖母马达莱娜·库贝杜，他们的长子埃菲西奥。后排左起：罗穆阿尔多，朱塞平娜（佩皮娜），埃维莉娜，安东尼奥（托尼诺）。

我成长于独裁时期，等我到了征兵年龄，战争全面爆发。我一直认为，和平自由的生活是一种脆弱的财富，随时都可能被再次夺走。

在兵荒马乱中，政治可能成了我青年时代过多焦虑的来源。过多是对我而言，也是对那些我本可以赋予其价值的事物而言。而看起来与政治相去甚远的事物，我则更多地考量它对人民和国家历史（甚至政治）的影响。

战争甫告结束，我就感受到大城市的呼唤，这一呼唤比我故乡的呼唤还要强烈。所以有一段时间，我发现自己在米兰和都灵之间犹豫不决。选择都灵当然有其原因，而且并非没有后果。现在我已经忘了这因果，但多年来我一直认为，如果我选择了米兰，一切都会有所不同。

右图：1925年1月，卡尔维诺与父母在古巴圣曼努埃尔。

我很快尝试了写作。发表对我而言很容易，我立即获得了支持与青睐；但是过了很久我才意识到这一点，并说服自己这绝非偶然。

我就职于一家出版社，所以我在别人的书上花费的时间要比在自己的书上花费的时间多。对此我并不后悔：所有精力的消耗都是为文明社会而服务。恰巧，我从都灵那座严肃而悲伤的城市，经常也十分容易地来到罗马。（此外，我所听到的唯一不以否定形式谈论罗马的意大利人就是都灵人。）因此，罗马会成为我未来居住时间最长的城市，并且又无须问自己什么。

对我而言，理想的居住地应该是外国人生活得自在的地方，巴黎就是这个理想之地。我在这里娶妻成家，后来还有了一个女儿。我妻子也是外国人，所以我们一家三口说着三种不同的语言。一切皆可改变，但我们内在的语言不会改变，甚至它所包含的内在是比母亲的子宫更加独特和权威的一个世界。

我意识到，在这部自传中，我用了大量笔墨来讲述出生，以及出生后的几个阶段，现在我甚至倾向于更进一步地回到我出生前的世界。这就是自传对起源进行探索的风险。比如《项狄传》浓墨重彩地讲述了其长辈的生平经历，而等到要讲述自己的生活时却无话可说了。（1980[1]）

1 详见“参考书目”，后同。——译者注（后文注释如无特殊说明，均为译者注）

A. J. ABOSAI

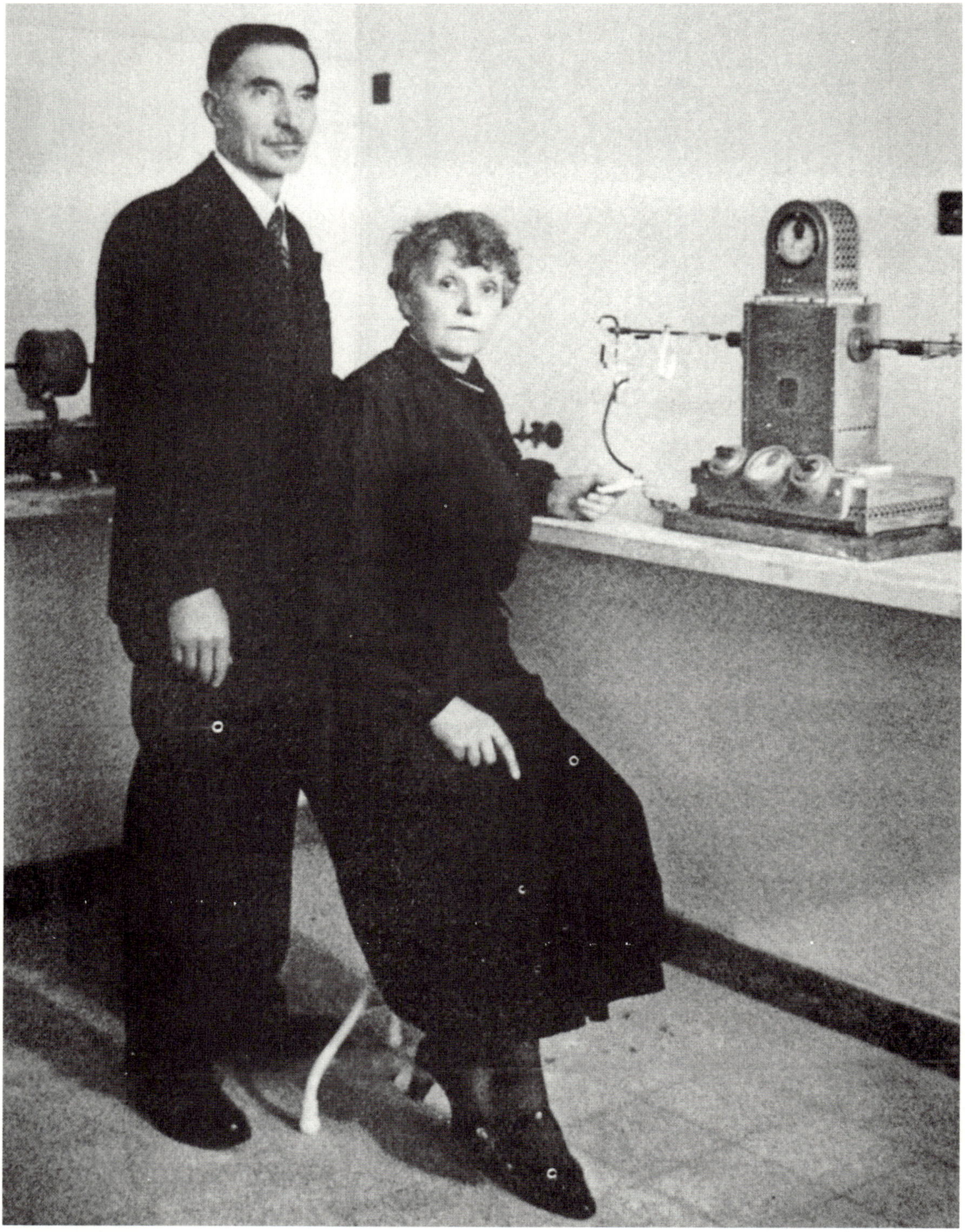

卡尔维诺的舅舅和舅母，二人都是化学家。舅舅埃菲西奥·马梅利（卡尔维诺母亲的哥哥）与他的妻子安娜在实验室里。照片摄于 1938 年。

“在我的家族中，只有做科学研究才是光耀门楣。我的一个舅舅是化学家、大学教授，他的夫人也是化学家（其实我有两位化学家舅舅，并且两位舅母也都是化学家）；我的弟弟是地质学家，也是大学教授。”（1960）

1985年夏天，伊塔洛·卡尔维诺生命中的最后几个星期，他在《美国讲稿》中如此热情洋溢地写道：写作意味着“尽可能准确地解释事物的感性方面”。这是一种具有遗嘱性质的陈述，同时也是在宣告自己忠于工作的原因。很少有作家会像卡尔维诺这样，几乎在每部作品中，都不断地对自己的创作意义发出疑问：可能的策略，选择的内在必要性、合理性和连贯性。这种对精确的追求，这种确定人与人之间、人与物之间的无穷系列关系的前提，正是“母胎里”就镌刻下的、卡尔维诺携带的遗传密码。这是来自父母双方以科学思维为主导的密码：父亲是农学家，母亲是植物学家（正是因为共同的科研兴趣使得他们在一次科学交流中相识），舅舅埃菲西奥则是化学家。如果不从卡尔维诺父母出版的那几百本小册子开始讲述，那么就无从理解卡尔维诺。他将这些小册子存放在家中的一个具有“自由风格”的旧橱柜中。换句话说，我们要从这些丰富的出版物的摆放方式去理解卡尔维诺：他试图将顺序、名称、系列关系、因果关系等等框架归结为自然的连续组合创造，归结为永远变化发展的、持续而严格的实验，这一空间似乎受到某个幻想事件的无限灵感的支配。谈到家人的科学天赋时（他的弟弟弗洛里亚诺也极具科学天赋，是国际知名的地质学家，也是热那亚大学的教授），卡尔维诺用他那典型的自嘲式口吻评判道：“我是家族的败类，家族中唯一的文人。”事实上，他作为作家所从事的工作，恰恰是追随父亲的脚步，力图将一种由精确方法支配的反思和研究嫁接到文学这一古怪而多变的主干上。因此，这是在用其他语言，用同样取得丰硕成果的其他规则继续进行一定程度的科学研究。恰恰是科技兴趣与文学研究的交融成就了意大利二十世纪最真实的新兴作家——加达、卡尔维诺、普里莫·莱维，尽管他们的落脚点各有不同，但他们游刃有余地超越了对现实的纯印象解读。

年轻时的马里奥·卡尔维诺。1875 年生于圣雷莫，毕业于比萨大学农业学专业，1901 年获得了因佩里亚的农业学教师流动岗，从此开始了他的职业生涯。他先是前往墨西哥，随后又去往古巴，1917 年就任古巴哈瓦那农业实验站的主任。

卡尔维诺的父母与女佣站在古巴圣地亚哥·德·拉斯维加斯家中的阳台上。

二十世纪二十年代末，马里奥·卡尔维诺在非洲。

马里奥·卡尔维诺出身于圣雷莫一个古老的家族，但他对农业学的热情促使他在二十世纪初先后奔赴墨西哥与古巴，并在那里旅居三十年之久，在墨西哥首都担任农业实验站主任。

马里奥·卡尔维诺与妻子埃维莉娜（埃娃）·马梅利通过书信相识，随后他短暂地回到意大利，二人于1920年10月30日结婚，并在婚后一同前往古巴。马梅利一家祖籍萨萨里；乔万尼·巴蒂斯塔很可能是国家机关职员，与妻子马达莱娜·库贝杜育有五个孩子：埃菲西奥、埃维莉娜、安东尼奥、朱塞平娜、罗穆阿尔多。乔万尼·巴蒂斯塔英年早逝之后，马达莱娜坚定地撑起了整个家。几个孩子要么成为行业翘楚，要

梅里迪纳别墅，卡尔维诺一家在圣雷莫的住所。这里也是以马里奥·卡尔维诺的朋友奥拉齐奥·雷蒙多的名字命名的花卉实验站的所在地。

外祖母马达莱娜在纺线。

梅里迪纳别墅的花园

么担任军事要职（比如罗穆阿尔多）。特别是埃娃，她从帕维亚大学自然科学专业毕业之后，成为卡利亚里大学植物学专业的讲师。她的意大利语非常精准，完全不受口语交流中存在的语言、语法、句法近似问题的影响——这一重要细节完美地解释了其子伊塔洛·卡尔维诺语言表达精准的原因，他拒绝不准确、含糊不清的内容。伊塔洛·卡尔维诺的不喜言谈与他散文的晶莹剔透也源于此。他写给多梅尼科·雷亚的一封题为《论简练》的信具有十分重要的意义：

你问我为什么总是简洁明了。原因不止一个。首先，这是出于我的需要，因为我从事文职工作，所以受制于工业生产的狂热节奏，它支配并塑造着我们的思想。其次，这是出于风格的选择，我力图尽我所能保持对经典作品的忠诚。再者，是性格使然，这是我的利古里亚的先辈们的宝贵财富的延续，是从不容忽视的血统。最后，最重要的是，出于道德信念，因为我认为这是一种行之有效的交流与了解的方式，比任何不受控制和欺骗性的传播都要好。但是，我要补充一下，这也是争论与宣传的需要，因为我希望所有人都能按照这种方式转变：但愿那些谈论自己的面孔或“自己的灵魂”的人能意识到，他们所说的内容空洞无物，不合时宜。不赘，你的朋友。（1954）

那个孩子于 1923 年 10 月 15 日在哈瓦那附近的一个名为圣地亚哥 · 德 · 拉斯维加斯的村庄出生（后来，圣地亚哥也成为他参加游击队时使用的名字）。他取名为伊塔洛，这个名字“源自移民对他们的守护神的虔诚，但此名在家乡却非常响亮，有着卡尔杜齐之风范”。卡尔维诺一家于 1925 年返回圣雷莫。父亲买下了庞大的梅里迪纳别墅，它高耸于整座城市之上，藤蔓环绕，一棵巨大的九重葛爬满了整个内墙，并探出墙外。他受命领导着“奥拉齐奥 · 雷蒙多”花卉实验站，世界各国的年轻人经常光顾此地，但之后为实验站提供资助的加里波第银行破产，他就将别墅的花园作为教学与研究的场所。花园里满是奇花异草，其中包括那棵“假胡椒树”——柔毛肖乳香，后来成为《树上的男爵》中的树木的原型。

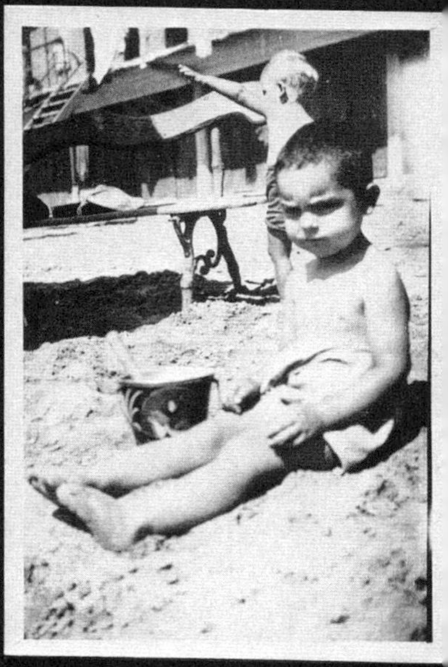

“传记或个人信息属于极为隐私的内容。公开这些信息犹如进行心理分析。（至少我认为，我从未进行过心理分析。）”

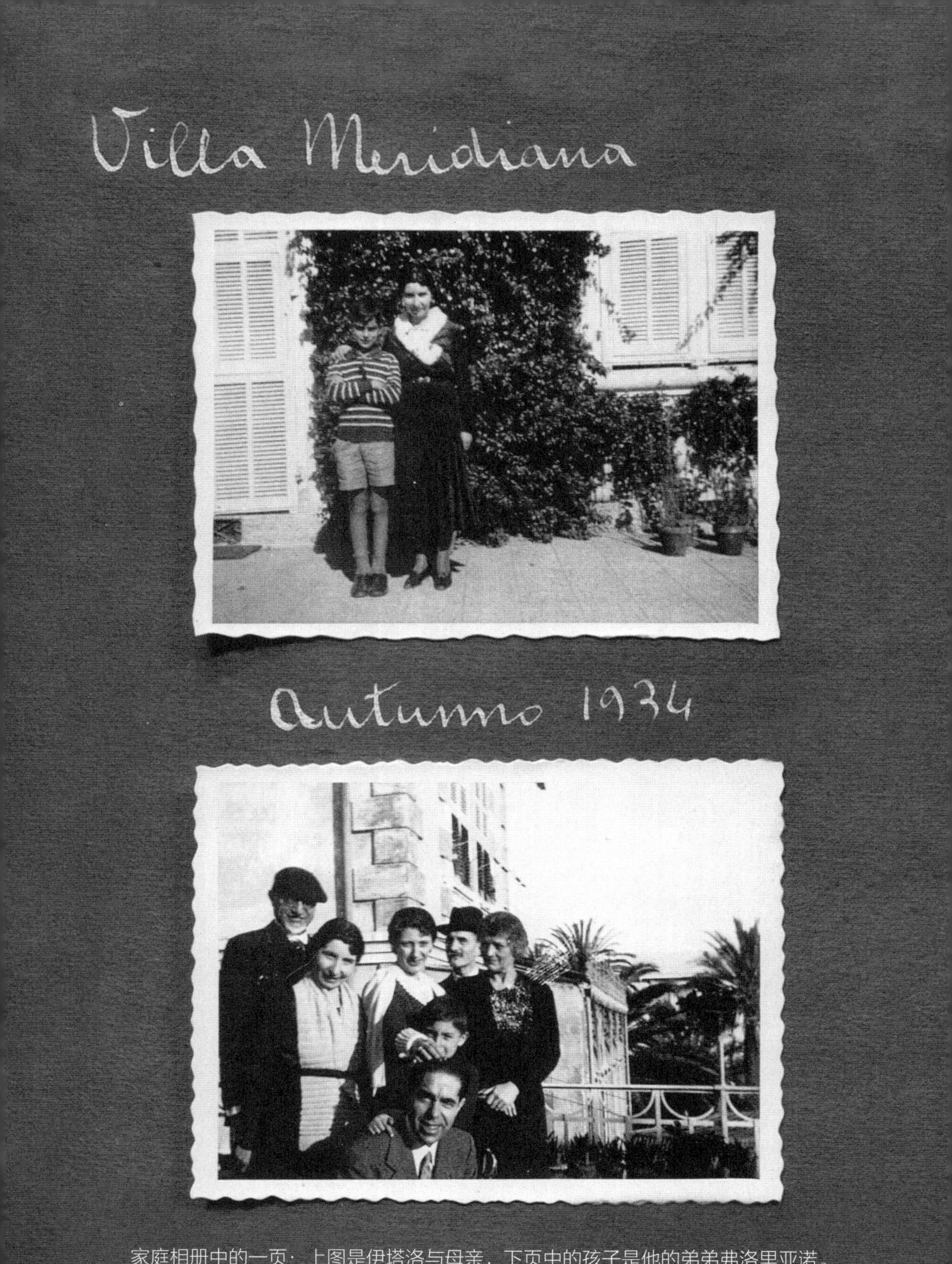

家庭相册中的一页：上图是伊塔洛与母亲，下页中的孩子是他的弟弟弗洛里亚诺。

Dicembre 1934

“我父母在植物王国
中施展才智，展现植物界
的神奇现象与演化规律。
我则被另一个植物界——
文字丛林所吸引，因而拒
绝了父母本来要教给我的
那些知识；人类的智慧对
我而言同样是陌生的。”

右图：二十世纪三十年代圣雷莫山上的橄榄园。

如果人们想要对世界和历史做出一个普遍解释，那么首先要考虑我们房屋的位置。它所处的地区曾经被称为“法兰西之角”，位于圣彼得罗山的半山腰，就像两块大陆的边界。山下，只要踏出我家的栅栏，走出那条私家小道，熙来攘往的城市便近在眼前，人行道，橱窗，电影院的广告牌，报刊亭，还有科隆博广场仅一步之遥，再向前便是海滨；山上，只要走出厨房的门，走到那条山上修建的又流经屋后的水渠［……］瞬间就来到田间，再向上便是鹅卵石铺就的山间小路，掩映在石墙、葡萄架与绿树之间。（1962）

我父母最惹眼的特立独行之举就是他们豪迈的决不妥协的反教权主义：自小，在学校，我就学会了要拥有不同于他人的想法，而为了不盲从官方的思想，就要忍受来自上级和同伴的猜疑、歧视和嘲笑。因为我不去做弥撒，我没有像我同学那样受坚信礼，没有去上宗教课，在档案的宗教信仰一栏中，我父母填了“无”，我因此被人指指点点。我父母从小向我灌输的另一个思想就是仇视君主制，这是属于一个古老的具有共和党与马志尼思想的家庭的意识。（未曾出版的手稿，1953）

左图上：1933 年 6 月，卡尔维诺与母亲和弟弟弗洛里亚诺在梅里迪纳别墅的花园里。

左图下：卡尔维诺与显微镜前的母亲。埃维莉娜·卡尔维诺（1886—1978），植物学家，发表过大量科学出版物，与丈夫并肩工作，将一生都投入到科学研究中。

右图：1933 年 10 月，卡尔维诺与弟弟在圣约翰。

我的母亲是一位非常严格的女性，无论大事还是小事都固守她自己的想法。我的父亲也很严格，脾气粗暴，但他的严厉更多表现为嗓门大、易发火，而且不是时时严厉，而是间歇性地严厉。无论是作为深深扎根于故乡的老派利古里亚人，还是作为曾周游世界并经历过潘乔·维拉时代的墨西哥革命的人，我父亲都更适合做叙事人物。他们二人个性都十分强硬与鲜明。绝对的世俗教育可能比天主教的教育更具有压制性。对于孩子而言，为了不遭受强势个性的碾压，唯一的方法就是以防御系统进行反抗。但这也会带来损失：所有本可以由父辈传给孩子的知识就失传了。

但我必须说的是，我的性格造成我在表示拒绝时总是游移不定，从不会彻底拒绝。我表示赞成时也是如此；每当我赞成某事，相信某物时，我又总是有所保留，与其保持一定距离以便能从外部对其识别。（1980a）

我母亲从来不认可生命就是浪费这一说法；对她而言，生命就是激情。因此，她一直过着植物园、家、研究室三点一线的生活，植物园里满是贴满标签的植物，家里九重葛爬满了墙面，如同一层挂毯，而研究室里全是植物标本，还有一台放在玻璃罩里的显微镜。她做事向来井井有条，不会犹疑不决，她将激情转化为责任，并以此为生。（1962）

伊塔洛在圣乔治学院上幼儿园，随后在瓦尔德西教会学校上小学。"我的童年没有什么悲惨的经历，我的生活环境优渥舒适，宁静祥和，色彩斑斓。虽然小矛盾不断，但并没有什么激烈的冲突，这就是当时我对世界的所有印象。"（1960a）

在一些短篇小说中，他会追忆他与父亲的关系，以及那些承载了父亲记忆与他的童年记忆的地方。比如，在《国家防空联合会的晚上》与《圣约翰之路》中都有体现。

[……] 我睡不着，在行军床上辗转反侧。这时，父亲已经起床，绑好绑腿，穿上猎装，衣服口袋里塞满了各式工具。我隐约听到他在依然漆黑寂静的屋里走动，把狗叫醒，安抚它，跟它说说话。他在燃气灶上为他自己和狗热了早餐，他们就在寒冷的厨房里一起吃早餐，然后他把一个大篮子斜挎在肩头，另一个拿在手里，裹上围巾，连同他那白色的山羊胡子一同裹进去，随后大步走出家门。于是，山间小路上便回响着他沉重的脚步声，狗脖子上的铃铛声，还夹杂着他不断咳嗽和咳痰的声音，这些声响犹如报时器，沿路而居的人家在半睡半醒间都知道是时候起床了。他踏着第一缕阳光到达农场，叫醒农民，在他们开始干活之前，他已经挨个地头巡视了一番，检查过已经做完的活儿和还需要干的活儿，

右图左上：卡尔维诺的弟弟弗洛里亚诺。

右图右上：1934 年夏天，卡尔维诺。

右图下：1937 年，卡尔维诺与外祖母马达莱娜、弟弟及一位朋友在一起。

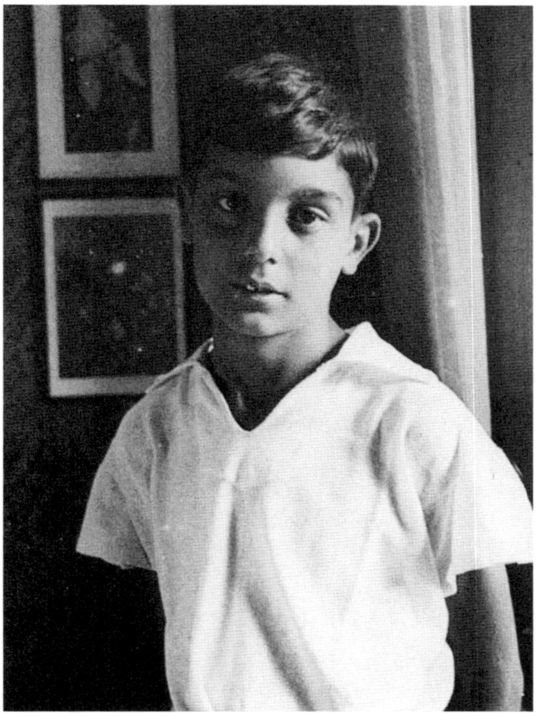

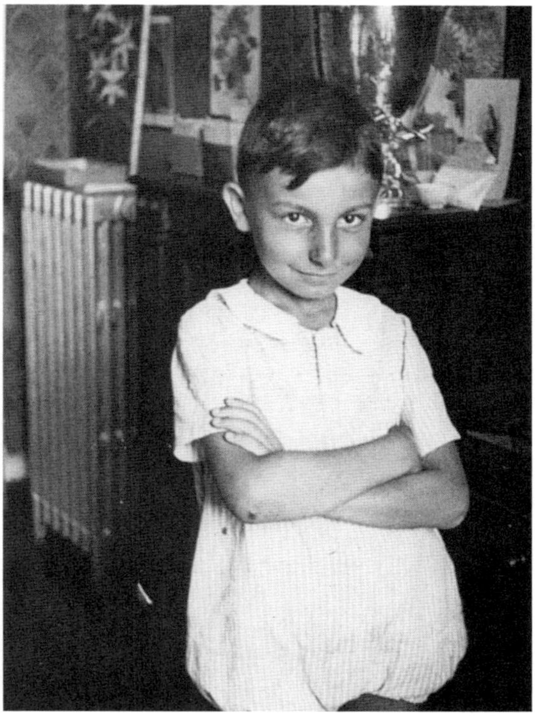

1943 年，伊塔洛 · 卡尔维诺所绘的《我的父亲》。

就开始大喊大叫，骂骂咧咧，整个山谷里都回响着他的声音。他年纪越大越愤世嫉俗，具体表现就是要早起，他总是第一个站在田间地头，不断指责所有人，孩子、朋友、宿敌全是一群好逸恶劳之徒。或许他唯一的幸福时光就是拂晓时分，他与狗一起走过那些熟知的街巷，咳出压迫了他一整夜的痰液，在晨光熹微中，看着成排的葡萄与橄榄树枝头的颜色逐渐鲜活起来，辨识着晨起鸟儿的各色啁啾啼啭。（1954a）

我父亲总是从那儿（厨房门）出门，他穿着打猎的服装，打着绑腿，然后你就能听到他穿着钉鞋走过水渠的脚步声，狗脖子上的铜铃声，还有朝向圣彼得大街的栅栏门吱嘎作响。对我父亲而言，世界始于此，并

圣弗朗切斯科河与通往圣约翰的骡马道。

向上延伸，而向下的那一部分世界不过是附属，偶尔需要去那里处理一些事情而已，但总归是毫不相干且无关紧要的世界，需要大步流星，逃也似的离开那里，绝不会东张西望。我则恰恰相反：对我而言，这个世界，这颗行星的版图，恰恰是从我家向下走的那部分，其余的部分都是空白，毫无意义。我希望从下面那些街巷与夜晚的灯光中破译未来的密码，它们不仅仅是我们这一隅之地的街巷与灯光，而是这座城市，是窥探所有可能存在的城市的一个窗口，如同它的港口已然成为各大洲的港口。我从我们家花园的栏杆探出身去，所有吸引我、让我感到惊奇的东西都触手可及——却也遥不可及——所有东西都深藏不露，犹如核桃壳里的核桃仁，未来与现在，以及港口——它们都在那一栏之外，我现在也不确

定我说的到底是哪一段时光，究竟是我从未出过花园的日子，还是总是逃出去四下转悠的时日，因为现在这两段岁月已然融为一体。光阴流转，留下的只是一些地点的记忆，而这些地点也面目全非——港口已经看不见了，被萨尔迪广场和布雷斯卡广场的高楼大厦的屋顶遮挡得严严实实，只露出一段防波堤，几只小船的桅杆顶端；甚至连街道也被遮蔽无遗，我完全无法从那些连墙接栋的屋顶中辨认出道路的走势，也辨认不出任何比例与透视效果：那边圣西罗的钟楼，阿梅黛奥亲王时期的市立剧院的锥形穹顶，这边老加扎诺电梯厂的铁塔（现在，它已荡然无存了，只

二十世纪四十年代圣雷莫的风光。

有名字还倔强地、不可替代地留在史册中，真所谓名存实亡了），还有被我们称为“巴黎屋”的阁楼，那是一栋用于出租的公寓楼，是我几位表兄弟的房产，当时（我指的是1930年左右）它矗立于圣弗朗切斯科河的悬崖之上，是遥远都市的孤独前哨……旁边“烛台门”的河岸高耸，如同舞台侧幕，河流从罗里奥桥下淌过，芦苇、洗衣女，以及垃圾秽物都尽掩桥下。在那里我家有一片陡坡园地，它紧邻“松果老城”。老城如同刚出土的骸骨，灰暗且遍布孔洞，上面布满或黄或黑的环状焦油污迹，间或生长着几丛杂草。就在老城的圣科斯坦佐区——该区毁于1887

1937 年，圣雷莫的皇后大道（上图）与莫尔加纳海滩（下图）。

年的地震——还坐落着一座公园，十分整洁，但略显凄凉，公园的植物篱笆与沿墙种植的果树缘山而上，尽头是建在木桩上的业余舞蹈俱乐部；还有一栋以前医院的小楼，以及十八世纪的海岸圣母教堂，它的外墙上大面积的蓝色十分显眼。母亲们的呼唤声，姑娘们或酒鬼们的歌声，都会按照不同日期和时间段，从城市高处的斜坡上响起，划破寂静的天空，清楚地落入我们家的花园里；而在城市接连不断的红鳞瓦上方混杂着有轨电车与锤子的叮当声，还有德索纳兹兵营院子里孤独的军号声，贝斯塔尼奥锯木厂的嗡嗡声，以及圣诞节时，海边旋转木马的音乐声。每一种声音，每一个形象，都与其他的声音和形象交织，单靠视觉或听觉都无法获取它们的全貌，唯有靠猜测才行。（1962）

在 1960 年（卡洛 · 博进行的一次采访中）和 1973 年，卡尔维诺详细介绍了他与利古里亚及其居民的深厚渊源。

利古里亚人分为两类：一类是依恋自己的家乡，就像礁石上的帽贝，你永远无法移开它们；一类是以世界为家，无论他们身处何地都像在自己家一样。但即使是第二种人——我就是第二种人——也许你[卡洛·博]也是——他们定期回乡，他们对家乡的依恋并不比第一种人少。我的家乡位于西里维埃拉，十五年来此地发生了翻天覆地的变化，再也无法认出原来的面目，但也许正是由于这个原因，在混凝土森林中重拾记忆中利古里亚的面貌，是较之恋爱中的忧虑更令人回味的故乡“爱恋”。就像从盛行的商品化思维中挖掘出我们家庭昔日的道德传统，对于你来说，亲爱的博，那将是一种隐约带有詹森主义的天主教，对我而言，是一种世俗的、马志尼的、共济会的传统，全部面向“行动”的伦理。对我父亲与日俱增的怀念将我与我的家乡，特别是圣雷莫以北的乡村联系在一起。他是具有最为独特品格和人生的那些人中的一员，同时也是后复兴运动的一代人中最具代表性的——即使实际上他在大西洋彼岸度过了他生命中的三分之一时光——他还是不复存在的那个利古里亚的最后一个典型的利古里亚人。

但是，我觉得这些都是感性因素，而我一直理性地尝试从最先进的生产世界，对人类历史起决定性作用的相关生活领域的视角来看待事情，无论这些生活领域是处在欧洲的工业界，还是美国抑或是苏俄。在我年轻时，这种矛盾经常让我思索：既然我知道有价值的世界就是我所说的那个世界，而里维埃拉是靠一种夹在旅游业的虚假繁荣和大部分地区处于贫困的农业之间的辅助经济过活的，为什么我还要在创作上与里维埃拉联系在一起？但是，在以里维埃拉为背景进行创作时，我脑海中会浮现出纯净的、精确的图像，而在创作工作文明的故事时，一切都很模糊、苍白。因为那些容易被描述的事情是被我们抛诸脑后、盖棺论定的事情（然后会发现其实它仍然悬而未决）。

[……] 我们始终必须以事情的本原为出发点。社会学评论，与其继续笼统行事，不如做点比较具体的工作：从它的视角去定义每位作家的本质，发现其真正的，甚至与其外在对立的社会背景。关于我，他们或许会发现，剥开表层后，在最下面的是一个小农场主、个人主义者、对工作吹毛求疵、吝啬、国家和税务机关的对头，为了应对无利可图的农业经济和将土地租给租户的愧疚，提出了诸多解决自身危机的通用方案，比如共产主义，或工业文明，或背井离乡、四海为家的知识分子生活，抑或寄情于文字，以期在文字中重拾泯灭于现实中的天性与和谐。（1960b）

“这种永恒的不安全状况体现在利古里亚的城镇形状中，它们的房子就像松果的鳞片一样挤挤挨挨，皮尼亚（Pigna，意即“松果”）是内尔维亚山谷的一个村庄的名字，与古老的圣雷莫的城市居民区［如图］的名字一样，城市为防御而建，街道狭窄，遍布拱门，就像随时准备击穿敌人的包围。”（1973）

在圣雷莫内陆：左图，1939年，卡尔维诺与杜伊利奥·科苏、埃利亚诺·西弗雷迪在萨卡雷洛山；右图，1940年8月，卡尔维诺与舅舅埃菲西奥在加雷西奥的圣贝尔纳多山。

“有时，一个人会觉得自己不完整，他只是还年轻。那时我马上要告别童年，迈入青春期，但我仍然喜欢躲在森林里大树的树根之间，给自己讲故事。对我而言，一根松针可以代表一名骑士，或是一名贵妇，再或是一名弄臣；我拿着它在眼前晃动，然后完全沉浸在无穷无尽的故事之中。之后，这些不着边际的幻想让我感到羞愧，我就逃开了。”（1952）

我们进入内陆就会发现隐藏的村庄：昨天隐藏是出于防御的需要，今天隐藏则是被沿海的繁华遗忘。只需走几公里，你便会从大海来到大山，从花园与橄榄园来到松树林、栗树林、山毛榉树林。亚平宁山脉的巨大山脊成为不可逾越的障碍，让里维埃拉东海岸变得遥不可及。在里维埃拉西海岸，阿尔卑斯山在海边耸起高达一两千米的陡峭悬崖。巴亚尔多传统的“扁舟节”体现了这种山海相依的思想。巴亚尔多位于圣雷莫北部，坐落在海拔九百米的山巅之上。“扁舟节”的仪式、歌曲及其传说融合了诸多异教和中世纪的古老文化：植物的春日节、年轻人的成人礼、从父权部落到外婚制过渡的神话、反封建的公民代表制、农民团体的史诗……每年的圣灵降临节那天，村里的年轻人走进森林，砍下一根高大松树的树干，将它抬回村子，在广场中央用绳索竖起。一截较短的树干横向固定在较长的树干上，如同船桅一般，姑娘们则手拉手唱起歌，唱的是恋人出海时姑娘的哀叹。“我爱人的船——啦弹滴隆嘚啦，啦弹滴隆哒——我爱人的船啊今晚出发啦……如果我是金翅雀，如果我会飞，我会落在那船桅上。”姑娘们合唱的第二首歌讲述的是伯爵的三个女儿站在城堡的阳台上，向正在广场上踢球的恋人赠送爱的信物——一个苹果、一个柠檬、一个柚子或苦橙，这是对古老的利古里亚柑橘林的追忆。一首歌接着一首歌，串联起一个故事：传说中，在第一次十字军东征时，巴亚尔多的伯爵将自己的木材出售给比萨海上共和国，用于建造两桅帆桨战船，以便将十字军运送到圣地。比萨的三名年轻人来巴亚尔多收取木材，却闯入了伯爵的三个女儿心中。离别的日子到了：最小的女儿安杰丽娜逃出城堡的花园，逃到森林去追随自己的恋人；伯爵随后追来，并对她进行威胁。第三首歌给我们留下了悬念。跟其他歌一样，依旧由巴亚尔多的姑娘们合唱，一部分姑娘绕着广场上的树干围成一圈跳舞，而另一部分姑娘绕着她们又围成一圈，朝相反的方向跳舞，给令人窒息的结局带来一丝喘息：伯爵的女儿被父亲斩首，两个姐姐收起她的头颅，为头颅穿上长斗篷，并将其供奉在广场上。在这个中世纪的传奇故事中，关于爱情和死亡的故事从贸易契约、森林砍伐、海上运输和建筑工地的世界中脱颖而出。甚至可以从中窥见山海之间的经济相依，不过没有任何诗情画意：无论靠山吃山还是靠海吃海，都需要劳筋苦骨，拼尽全力。山与海是辛苦劳作与精打细算的世界的两面，它们之间素来少有货物交换。（1973）

如今，虽说里维埃拉的动物种群不怎么具有异国色彩，但植物种群欢迎来自美洲、大洋洲和非洲最多样化的物种，并使它们成为自己的植物样本。可以说，只要我们的文明所强加的统一性给植物种群留有空间，那么它就会欢迎异国植物。在幸免于难的花园中，棕榈树的叶子继续在风中摇曳，在陡峭的海崖之上，龙舌兰锋利多肉的叶子直插云霄。（埃乌杰尼奥·蒙塔莱的一首诗中写道：“百丈峭壁悬剑草。”）在里维埃拉西海岸，就在那片仍被称为橄榄园区（不过，七十多年前该地区的橄榄树就逐渐消失，一则因为收益不高，二则受到周期性的虫害即油橄榄果实蝇的威胁）的土地上，鲜花的种植范围不断扩大：玫瑰、康乃馨、银莲花、菊花、大丽花。在给花卉命名时，文学语言总是习惯编织出精致而华丽的辞藻作为建议；但是，在这里，花卉则蕴含着截然不同的含义：在花卉种植区，为确保花田能够最大限度地接受阳光的照射，容不得任何的遮阴，因而风景变得乏味而单调。梯田坡度平缓，筑有围墙。这些

1943年，卡尔维诺绘制的利古里亚农民。
“笨重的三齿钉耙，俗语称之为‘马加油’，是数百年来人们最得心应手的农具，能够开垦山地最坚硬的土块。它需要农人有非常结实的臂膀，双脚抓牢地面，以及顽强的毅力。”（1973）

围墙比以往坍塌的矮墙笔直得多。花卉行垄规整，人们用绳子将花茎绑在木棍上以保持花茎直立；给花卉喷洒灰色杀虫剂；冬季时，给它们覆以玻璃板或草垫保温防冻。因为气候剧烈变化、病虫害的侵袭等原因，小型花卉种植园一年四季劳作不停，且担惊受怕。因而花卉市场是从事风险业务，充满无情竞争、紧张局势和争执吵闹的交易所。工业生产法则被强加于贫穷的农业之上，因而在利古里亚，花卉成为艰辛的代名词。（1973）

圣雷莫乔万尼·多美尼科·卡西尼中学 1940—1941 学年照片。照片中有杜伊利奥·科苏（最后排站在最左边）、埃乌杰尼奥·斯卡尔法里（站在卡尔维诺右边，紧挨着那位被遮住半边脸的同学）。

一直以来，那些不得不在贫瘠的土地上刨食的人，其艰辛程度绝不亚于渔夫。可以说，自然界中并不存在农业用地，人们必须通过平整丘陵和山地的陡坡，围砌干石墙，来获得“带状”梯田。这些梯田层层而上，使得利古里亚山谷犹如但丁的地狱图，但它们往往十分狭小，无法使用耕犁和农业机械。笨重的三齿钉耙，俗语称之为“马加油”，是数百年来人们最得心应手的农具，能够开垦山地最坚硬的土块。它需要农人有非常结实的臂膀，双脚抓牢地面，以及顽强的毅力。大多数情况下，这名使用钉耙的苦役也是土地的所有者。在利古里亚，农业所有权在过去极为分散，如今依然如此，许多家庭只能勉强维持生计。（1973）

1934 年，卡尔维诺被乔万尼·多美尼科·卡西尼皇家高中录取。读书期间，他并不是一位特别出色的学生，也不是班级第一名。他的意大利语明显很不错，希腊语和理科则一般。当时，他的主要兴趣之一是看电影。

有那么几年我几乎天天去看电影，甚至有时一天看两场，那是 1936 年至第二次世界大战之间的几年，总之是我的青春时代。在那几年，电影对我而言就是世界。那是一个与我周围截然不同的另一个世界。但对我而言，只有我在银幕上看到的才拥有一个世界的特性，即饱满、必要、连贯，而银幕之外则堆积了各种成分复杂的元素，它们似乎是随便地堆在一起。我生活中的物质也堆积如山，我觉得它们不具有任何形状。[……]

我通常下午去电影院，要么偷偷地溜出家门，要么借口去同学家学习，因为上学的几个月里，我父母给我的自由时间极少。探索内心的喜好是我最大的动力，让我在两点电影院一开门就冲进去。观看首场电影有很多好处：观众寥寥无几，好像整个放映厅都是我的，这样我就可以躺在“三等座”的中间位置，将双脚蹬在前面的椅背上；看完电影还有希望偷偷溜回家，而不被父母发现，这样我还可以得到再次外出的许可（甚至我还可以再看一部别的电影）；下午余下的时光可以稍微发个呆——不利于学习，但有利于遐想。除了这些难以启齿的理由之外，还有一个很严肃的理由：电影院开门时就进场，可以让我从头到尾完整地看完一场电影，而不是像我经常下午过半或傍晚去电影院时，只能看半截电影或者只看到结尾。（1974）

当时有五家影院，其中三家首映影院（中心影院、超级电影院和圣雷莫电影院），另外两家是二轮放映影院或者规模更小。我主要看美国电影和法国电影。那是《傲世军魂》、《叛舰喋血记》、玛娜·洛伊和

二十世纪三十年代，卡尔维诺频繁出入圣雷莫电影院时，上映的一些美国电影的画面。

“[……] 在《逃犯贝贝》中看到阿尔及尔城堡之后，我开始用不同的眼光观察我们旧城区的台阶路。”（1974）

在梅里迪纳别墅花园中拍摄的家庭合影：第一张照片拍摄于 1938 年，后两张拍摄于 1941 年 8 月。

“在我们的命名方式中，在各团体进行组织安排的惯例中，存在着一种社会意义，一种习俗，一种风格，一种文化。一张证件照、结婚照、家庭合影或是学校合影给我们的感觉是，每个角色或机构本身是多么的严肃与重要，但也是虚假的、被迫的、专制的、具有等级制的。这就是关键所在：明确我们每个人与世界的关系，而如今这种关系往往会隐藏起来，变为一种无意识，并且认为如此这种关系就会消失，然而……”（1970）

威廉·鲍威尔的侦探爱情喜剧、弗雷德·阿斯泰尔和金杰·罗杰斯的音乐剧、陈查理和鲍里斯·卡洛夫的侦探电影的时代。我见证了这一切直至珍·哈露的去世；多年后，在一个更能意识到所有符号的精神寄托的年代里，我又重新经历了这一切，比如玛丽莲·梦露的去世。

我是出于个人爱好，虽然那个年代还没有如今的知识分子的“迷影”文化，但电影院是一个聚会场所，我在那里与同学、与其他少年见面。比起书籍，比起文学，电影院是一个有着更多的对话和讨论的所在。（1984）

我第一次体会到阅读一本真正的书的乐趣是很晚的事情了，那时我已经十二三岁了，当时读的是鲁德亚德·吉卜林的《丛林故事》的前两篇，第二篇让我受益颇深。我已经记不清那本书从何而来，究竟是我从学校图书馆借来的还是别人赠我的礼物。从那时起，我就在书本中寻找一些东西：我想看看是否能够再次体验阅读吉卜林时的乐趣。（未发表的手稿）

浪漫主义运动代表人物爱伦·坡笔下的《阿瑟·戈登·皮姆的故事》是我童年时花了很大精力并且全部读完的作品之一。我的一个舅舅订阅了（蒙达多利出版社“浪漫主义”丛书）绿色卷，他也是每卷书带有私人藏书票的第一批订阅者；在书架上排成一排的金色书脊中，我选择了《阿瑟·戈登·皮姆的故事》，这是我一生中最为兴奋的经历之一：有身体上的兴奋，因为某些内容在文字上吓到了我，还有诗意的兴奋，如同命运的呼唤。（1981）

实际上，年轻时的卡尔维诺首先在绘画中实现了自发性的创作表现。

伊塔洛发现了一种简洁而风格化的线条，这种线条知道如何捕捉和表现肌肉抽搐、手势、面部表情，并且通过它们来表现人物性格。从他父亲带着爱犬去狩猎的灿烂笑容到墨索里尼骑马时突出的下巴，从一个扎根于土地的利古里亚农民的尘世具象到他自己心不在焉的走路方式的自画像，卡尔维诺母亲保存的诸多家庭相册和笔记本都表明，这一切旨在通过讽刺和幽默的变形来揭示一个隐藏的真相。

书籍和笔记本中散布着以朋友和同学为原型的漫画。可见，这种讽刺的本能已经成形，成形于利古里亚方言能够运用的形象隐喻中，但却被用于自相矛盾的、近乎形而上学的幽默中，后来成为早期小说中幽默的来源。

因此，伊塔洛最初的志向是做一名幽默画家。我们知道他是杂志《贝托尔多》的忠实读者，这是由莫斯卡和梅茨领导的一份米兰的周刊，有

卡尔维诺年轻时绘制的两幅画作：自画像《流浪汉》（画作背面有作者亲笔题写的标题）；墨索里尼骑马。

点儿与罗马的杂志《马克·奥雷利奥》一争高下的意味，并且与扎瓦蒂尼（《贝托尔多》的创办者）和坎帕尼莱瞄准高水平的受众群体而采用超脱的且近乎超现实的幽默有所不同。伊塔洛在瓜雷斯基负责的“纸篓”专栏上发表了四幅漫画。在这个专栏中，他与另一位未来的作家，也是他的同龄人奥雷斯特·德尔博诺首次亮相。卡尔维诺还与他的朋友科苏一起赢得了“年度最愚蠢漫画”比赛。

卡尔维诺回忆道：“《贝托尔多》创刊于 1936 年，它独特的讽刺手法立即感染了读者，尤其是年轻读者和少年读者，他们与年长读者的幽默方式明显不同（并且与传统的机关主办的幽默报刊，即米兰的《格林·梅斯基诺》和罗马的《思想传播》截然不同）。《贝托尔多》诞生于米兰，是新兴的米兰文化产业的成功产物，它追求连贯而独特的线条、现代性、润色与轻盈。[……] 在这种氛围下，《贝托尔多》力图创作一种社会体制中可能存在的幽默，因为在这种社会体制中有太多的事情和人不允许开玩笑。因此，剩下的就是开辟新的空间，创建善意的超现实喜剧——这一喜剧主要基于语言表达，而不是文字游戏和荒谬的逻辑换位。”（1984a）

《贝托尔多》还曾刊出年轻的罗马尼亚画家索尔·斯坦伯格的画作，他后来搬到纽约，成为享誉全球的艺术家。穆纳里在罗马的杂志《七美》上发表他的画作《无用机器》，而费里尼则与杂志《马克·奥雷利奥》展开合作。

但是，卡尔维诺一直以来的梦想是成为一名戏剧作家。戏剧作家是电影编剧的近似替代品，因为电影编剧被认为是一场不可能的冒险。此外，

— Oh, maestro, voi che siete un sì delicato poeta: fatemi un verso!
— Buuuu!

— Da quando mi hanno fatto commendatore neanche il segnale orario osa più darmi del «tu... tu... tu...».

— Datemi un biglietto per Milano.
— Che classe?
— 1903, classe di ferro!

漫画《丢脸》（左上）

——噢，大师，您是一位如此体贴的诗人，请您为我作一首诗吧[1]！

——噗！

漫画《无线电》（左下）

——自从他们给我授勋之后，就连电台的报时信号都不敢再对我一个劲儿地“你……你……你……”了。

（收音机里发出“您……您……您……您……您……您……”的声音）

漫画《神志错乱》（右下）

——请给我一张去米兰的票。

——几等座[2]？

——1903 年入伍的钢铁战士。

1940 年春，卡尔维诺以假名雅各在杂志《贝托尔多》的“纸篓”专栏上发表了四幅漫画，这是其中三幅。

1 因为 verso 在意大利语中的多义性，此句还可以理解为：请您为我做个鬼脸吧！

2 因为单词 classe 的多义性，此句还可以理解为：哪一年入伍的？

他还梦想有一种表达语言，能够偏向寓言故事的方向，并且这种语言具备一种道德能力，能够摆脱卡尔维诺年轻时已经意识到的现实主义的束缚。

“[……]突然，在1940年夏天，我写出了一部三幕喜剧，谈了一场恋爱，而且我还学会了骑自行车。”卡尔维诺在《国家防空联合会的晚上》中如此写道。他在《一个观众的自传》中所进行的思索也可以运用到对戏剧的热情上：对他而言，电影是对距离的需求，“电影满足了我的诸多需求，对距离的需求，对拓展现实边界的需求，对开拓无尽抽象空间的需求。这一空间如同几何体，又是具体的，那里绝对充满了各式面孔、情况和环境，与直接经验世界一起构建起自己的（抽象的）关系网络”。他后来放弃了戏剧创作，只留下了一部《卡波尼禄的兄弟们》，并在写给他的朋友斯卡尔法里的信件中留下了一连串他宣称要写的戏剧题目。他在回复《西帕里奥》杂志的调查问卷中写道：“我确信‘现实与幻想’‘见解’等问题非常重要，我也相信皮兰德娄极为重要，并且他将在我们的文化中永垂不朽。”（1952a）

1940年夏天，当战争闯入了年轻的卡尔维诺的生活时，似乎激起了他更为强烈的情感和幻想。

那是1940年9月，我快十七岁了。吃过晚饭，我迫不及待地出去散步——尽管白天除了散步，我也没有做其他事。我没有意识到，但也许正是那个时候我开始喜欢生活，因为我那时正处在相信自己将永远拥有自己获得的每一样新事物的年龄。旅游业因为战争而停滞，我的城市仿佛完全凝结在它的乡土风貌中；我觉得它更加亲近熟悉，也更加具有可量性。夜晚很美，灯火管制似乎是一种令人兴奋的时尚，而战争是一种遥远的且习以为常的风俗；到了6月，我们听说战争已经打到了我们附近，

圣雷莫皇后大道的长椅，卡尔维诺与朋友们进行哲学讨论的地方。左边第一个是埃乌杰尼奥·斯卡尔法里。

但只是短暂地令人吃惊了一下，之后它似乎完全结束了，再往后，我们不再对此抱有期待。我当时尚且年轻，完全不担心军队开拔，由于性格和见解的原因，我对这场战争感到陌生。但是每次我幻想自己的未来时，除了战争，我想不到别的：这是一场没有恐惧、清白无瑕的战争，在这之中，我现在也不知道为何我感到幸福自由且与众不同。因此，我了解了时代的颓丧与激情，我困惑地生活着，天天去散步。（1953）

1941年5月，卡尔维诺高中毕业，所有科目均以六分通过（由于战争，期末考试取消，学年成绩有效）。他与一些同学保持着友谊：埃乌杰尼奥·斯卡尔法里、杜伊利奥·科苏（短篇小说《青年先锋队员在芒通》中比昂柯奈的原型）、西尔维奥利·迪安（小说《房产投机》中的律师卡纳尔的原型）。

对科苏来说，伊塔洛“乐于倾听，是一位细心的倾听者，但他也是一位惜字如金，不情愿讲话的人，只会用他那深沉的、近乎男中音的嗓音偶尔发表一句讽刺评论或一句冷酷的笑话，让你震惊不已。[……] 他喜欢人猿泰山以及他简单的语言。他说：‘有一天我要用泰山式的语言写一首诗。’”迪安还记得在梅里迪纳别墅度过的许多午后时光，伊塔洛的母亲热心地为大家准备点心，如果马里奥教授无暇为孩子们讲解各种珍稀植物的特性，卡尔维诺家则一片寂静。

埃乌杰尼奥·斯卡尔法里与卡尔维诺同桌三年，他证实，1943 年 7 月 25 日晚上，当科隆博广场的高音喇叭宣布墨索里尼下台时，伊塔洛正与他的朋友们在一起，他们拿到一面三色旗，并且请一群待返回军营的新兵喝酒。斯卡尔法里回忆说，伊塔洛“走路姿势很奇怪，他走路时胳膊几乎不动，感觉很不自在，仿佛他不知道该将胳膊放在哪儿，也不知道该怎么做。他的眼睛很温柔，很像他的母亲。他很幽默。他最早的创作活动是插画和连环画。他痴迷于幽默杂志《贝托尔多》。他还喜欢戏剧。他最初的作品是一些短篇小说，其中已经可以窥见《宇宙奇趣》的影子。他写过一些只有三四行的短诗。那时他最喜欢的诗人是蒙塔莱。那时，我们晚上常去主街上一家带台球室的咖啡馆，里面抽烟的人很多，总是烟雾缭绕的。[……] 晚饭过后，我们坐在皇后大道的长椅上，讨论上帝的存在，我们亲切地称上帝为菲利波”。（1985）

相反，伊塔洛对于那段时光的记忆是这样的：

[……] 与我最亲密的一位高中同学是南方人，埃乌杰尼奥·斯卡尔法里，他是罗马人。那时埃乌杰尼奥在罗马上大学，假期时回到圣雷莫。可以说，我们的“政治”生涯始于与斯卡尔法里的讨论。他原是“法西斯大学团体”的反对派成员，后来遭到除名，接着他又成为几个意识形态模糊的团体策划人。有一次他给我写信，要我加入一个尚在筹备、暂且命名为“贵族社会党”的党派。就这样，通过与埃乌杰尼奥的通信以

及夏日讨论，我渐渐地注意到反法西斯主义的觉醒，并在阅读上找到了方向：赫伊津哈、蒙塔莱、维托里尼、皮萨卡内；那些年出版的新书标志着我们混乱的伦理文学教育的不同阶段。

当时，我们也经常讨论科学、宇宙学和认知基本原理：爱丁顿、普朗克、海森堡、爱因斯坦。[……]在某个夏日，我和埃乌杰尼奥建立了一个完整的哲学体系：生命冲动的哲学。第二天，我们发现，海森堡早就创立了这套体系。

那时，我也写一些略带政治色彩、无政府主义和悲观主义的超短篇小说或寓言故事。我把它们寄给还在罗马的埃乌杰尼奥，他把其中一篇发表在“法西斯大学团体”的报纸上，似乎惹了一些麻烦，但没有人知道我是谁。那时，我的政治思想和创作都偏向于没有任何意识形态所支持的无政府主义。1943年7月25日，与斯卡尔法里和其他朋友一起，我们创立了我们的党纲，称我们自己为“自由主义者”（主要依据德·鲁杰罗的《自由主义的历史》），这与我的无政府主义一样含糊不明。我们围坐在我家农场附近那条小溪里的一块平坦的大石头上，成立了MUL（大学自由运动）。那时，政治还是一场游戏，不过为时不长。那些时日是后来被称为“四十五天”的狂热时光。被迫迁往别地的共产党员回来了，我们围着他们七嘴八舌问个不停，讨论，向他们提出异议。

9月8日，埃乌杰尼奥回到罗马。几个月后，我加入了地下共产党组织。（1960a）

1941年，卡尔维诺在大学学业上不断做出抉择：他出于家庭责任，选择就读都灵大学农学系（1936年至1938年他父亲在该系任教）。第一年他参加了四门考试，数学考了两次之后也通过了，但在1943年1月，他转到佛罗伦萨大学，并参加了三门考试。9月8日，卡尔维诺为逃避萨罗共和国的征兵，被迫中断了学业，“过了几个月躲躲藏藏的日子”，正如他在一段从未发表的片段中以第三人称写道：“据他证实，这几个月的孤独与拼命阅读对他的职业生涯起了决定性作用。”不过，放弃科学研究也不可避免地以决定性的方式推动了文学生涯的起步。从1941年春天起，卡尔维诺创作了一些“超短篇小说”，随后将它们整理成册，题为《我疯癫还是他人疯癫》，并亲自交给埃伊纳乌迪出版社审核。“埃伊纳乌迪出版社是当今最杰出的出版社之一，尤其是在文学领域”，在写给他的朋友斯卡尔法里的一封信中他如此描述他（1942年5月21日）参观都灵的兴奋心情。不出意料，埃伊纳乌迪出版社拒绝了他的投稿，但这并没有扼杀这位年轻作家的抱负，从1943年6月起，他再次拾笔写“关于未来的超短篇小说或存在主义的寓言故事”，对此他承认，他深受扎瓦蒂尼的影响。这些作品谈及烦恼、存在主义的荒谬、难以理解的生活、难以捉摸的身份，但也不乏政治主题，例如反对国家干涉主义、反对专制主义以及群众的聚集本能。凭借他一贯的构建才能，卡尔维诺将这些早期文章进行整理，计划编撰成一本题为《知足》的文集，并附有序言，其中解释道：“寓言故事诞生于苦闷时期。当人无法清楚地表达他的思想时，他就会通过寓言表达出来。这些超短篇小说源于法西斯统治下的苦闷时期，一位年轻人的政治或社会经历。”他补充说，只要时间允许，作家就没有必要再讲寓言故事了，就可以转而做其他事情了。实际上，这种哲学故事，带有十八世纪反思的基调，优雅地摆脱了现实主义、存在主义自白、心理学的桎梏，并且如同电子围绕原子核运动，

1942年，卡尔维诺的一幅自画像。

“我发现我无法融入周围的世界，它陡峭且如同灰浆一般，仿佛我深陷其中，我也无法接受那些充满近乎阴郁的活跃性色彩，犹如尖叫或大笑一般的裂缝。尽管我力图在自己与事物之间加上文字，但我找不到恰到好处的词语来修饰它们。因此，我所有的文字都坚硬而破碎，书写出来就如丢下许多石块。”（1943）

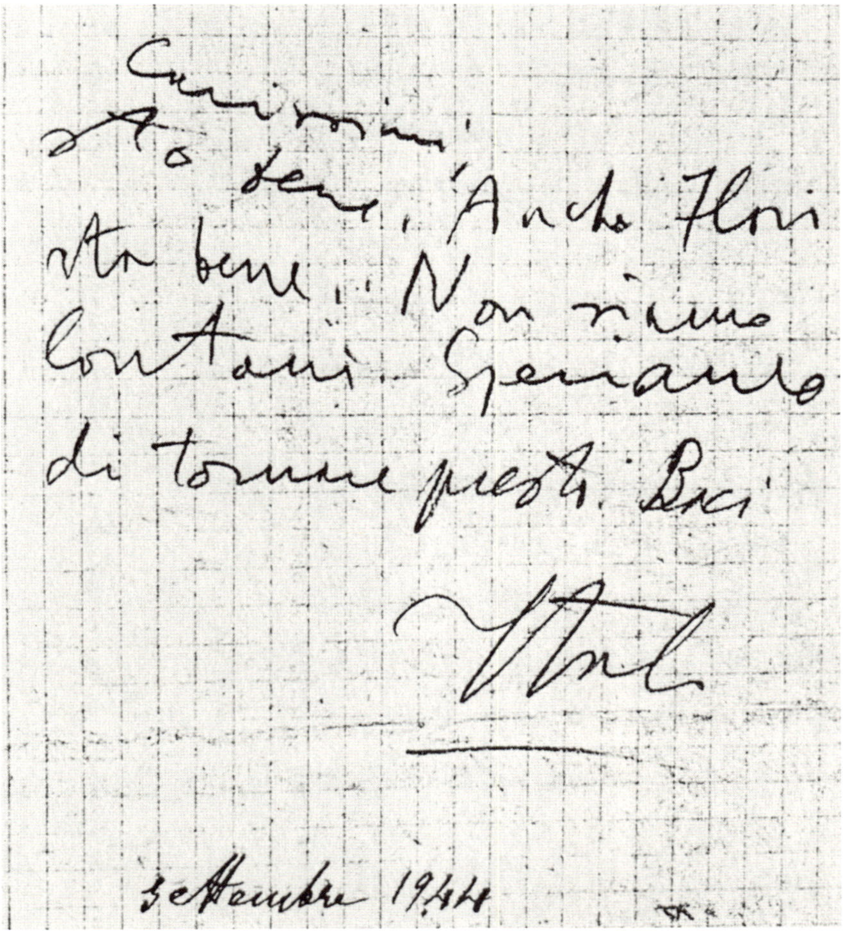

Carissimi!
Sto bene. Anche Flori
sta bene. Non siamo
lontani. Speriamo
di tornare presto. Baci
Italo

settembre 1944

卡尔维诺在参加地下游击队期间写给父母的一张字条。

亲爱的爸爸妈妈：

我很好，弗洛里亚诺也很好。我们离得不远。我们希望能尽快回家。吻你们。

伊塔洛

1944年9月

以人为中心的描述已初见端倪，昭示了一种观察世界的方式，四十年后这一方式在《帕洛马尔》中得到充分运用。

1943 年 8 月至 10 月是伊塔洛·卡尔维诺的创作爆发期，之后事情急转直下，创作被迫中断。1944 年秋天，尚不清楚出于什么机缘，伊塔洛和他的弟弟弗洛里亚诺加入了“加里波第”突击部队第二师，该师主要活跃在利古里亚滨海阿尔卑斯山区，并以阵亡的年轻共产党员医生费利切·卡肖内命名。伊塔洛似乎因阴谋活动的罪名于 1944 年 11 月 15 日被捕，被关押在圣雷莫监狱。伊塔洛深信第二天将被枪杀，为了克服心中苦痛，他整夜都在默念蒙塔莱的诗句。隔壁牢房一群缆车工作人员在齐声高唱，黎明时分他们被杀害。伊塔洛则被带上卡车，送往萨罗共和国的一个征兵中心，但在途中停车时他设法逃脱了。我们目前可以知道的是，12 月 9 日、10 日和 11 日他躲在一个隧道中，该隧道可能在他父亲位于圣约翰的农场中。他从那儿翻山越岭，设法找到了游击队。在 1945 年 6 月 6 日写给斯卡尔法里的一封信中，他写道：“我经历了一系列难以言喻的危险与艰辛；我体验了牢狱与逃脱，我数次濒临死亡。但是我对我所做的一切感到满意，我积累了丰富的经验，不过，我希望我做得更多。”同时，他父母长时间被德国人扣为人质，敌军曾经三次在他母亲面前假装开枪射杀他父亲，但他母亲在纳粹党卫军和士兵面前依旧坚定不动摇，正气凛然。伊塔洛的反法西斯主义正是源于他母亲“朴实无华的严谨性”与“道德、世俗、科学、人道、反战、爱护动物的严肃性”，这些首先是为了反抗法西斯主义的庸俗化。

7 月 25 日，我感到失望透顶，出离愤怒，因为像法西斯这样的历史惨剧竟然以大议会的一纸普通行政公文而宣告结束。我那时还一心梦想着革命，梦想着意大利在战斗中获得重生。9月8日之后，当这个模糊的梦想成真，我才明白，实现梦想如此之难，达到梦想的高度更是难上加难。我选择共产主义并没有任何意识形态的支持。我觉得有必要从一张“白板”开始，因此我将自己定义为无政府主义者。对于苏联，我有诸多疑问与异议，这在当时很普遍，但我又受到我父母始终坚定地支持苏联这一事实的影响。但最重要的是，我认为那个时期行动才是关键，而共产党正是最活跃、最有组织的力量。（1960a）

游击战争成为卡尔维诺人生中一段重要的经历。“就我而言，抵抗运动将我带入世界，在写作上也是如此。我所写所想的一切都是从这一时期的经验出发的。”（1957b）回忆起那段时光，他写道：“那时我们处在意大利抗战战区的最外围，自然资源匮乏，也没有盟军支援和权威的政治领导；但这里却是那二十个月内战斗最激烈也最残酷，阵亡比例最高的地区之一。如何以第一人称讲述游击战往事，于我而言一直是一道难题。或许我可以依据事实以不同的叙事风格进行讲述：追忆面对痛失所爱、危险、焦虑、抉择、死亡的心潮起伏，或者采用喜剧英雄式的叙述，着重描写一个刚刚离开家庭的呵护、毫无政治准备，也没有任何生活历练的资产阶级青年的遭遇，讲述他的犹疑、不断出错、慌乱与不幸。”（1960a）

游击队作战的那片山林，我小时候就在父亲的带领下领略过，游击战让我加深了对那片风景的认同，在那里我第一次发现了水深火热的人类世界。（1960）

卡尔维诺的游击队员朋友，他们为他早期的长篇小说和短篇小说中的人物提供了灵感。从左起分别是：朱塞佩·维托里奥·古列尔莫、伊瓦尔·奥多内、塞尔焦·格里尼奥利奥（他们分别是《通向蜘蛛巢的小径》中司令费烈拉、吉姆和红狼的原型）。

“费烈拉出生于山区，是一名工人，他一向沉着冷静，头脑清晰。现在听大家讲话，他面露微笑表示支持，但同时不放弃自己的主张：该如何排兵布阵，如何分配重型武器，何时使用迫击炮……

“而吉姆是一位大学生，他追求极强的逻辑性，要求明确的因果关系，他的头脑里时时刻刻充满疑问。”(1947)

二十世纪六十年代，卡尔维诺与图形艺术家和设计师利卡·科沃·斯坦纳。利卡·科沃·斯坦纳也参加过游击战争，这张照片是由她的丈夫阿尔贝·斯坦纳拍摄的。

我认为，如果我重写那个题材，如果我能重新忆起，那么，将不是从宏观层面，而几乎是微观层面的，一种局势，一个小事件，一个生死之间的刹那，那时生活中绝对日常的或者可以说是经常的刹那，就像我们习惯了在任何时候都有死去的可能一样惊人。我要说的就是这样的一瞬，根据决定这一瞬的诸多条件编织而成的网络。首先是物质条件，生物条件，跟植物环境有一定关系。在春天等待灌木生长对于游击队员、对于他们在户外行动的可能性而言是生存条件——不像战争终有一天会结束，1945 年的冬天似乎永远都不会结束，人们在叶子的生长中窥探春天——为了驱除霉运，人们总说不相信战争不会结束，我们有太多的不如意；但对于灌木，灌木在我的方言中叫作矮树林，覆盖在山谷上的厚厚的绿毯能让我们隐藏行迹。游击队员与杜鹃共生。还有可怕的粮食问题，在我们山区，整个冬天除了板栗没有其他可吃的，维生素缺乏症困

第二次世界大战结束不久，卡尔维诺在圣雷莫主持群众集会。

扰着游击队员，腿上长满疖子。疖子在方言中叫大疮疙瘩。游击队员生活中的某些事情从来没有人说起，而能够确认一个游击队员的第一样东西就是这些流着黄脓的巨大的紫的红的疖子。磺胺类药物非常罕见。从来没人写这样一部小说，它也是一部静脉血液、生命机体、食物的历史（它体现了所有的基本政治问题、各国人民关系、进退维谷、对牲畜和油的征用）。因为靴子结冰变得坚硬如刑具，脚上伤痕累累，游击队员与虱子共生，每根毛发上都挂着虱卵，无产阶级或山区出身的年轻人比较干净，但是学生——他们是游击队员中的少数——通常是最脏的，虱子长得最多的，我所说的是普通的游击队员，不是司令官。然后武器方面，所有世代的武器形成了样品展，王室军队的旧武器、第一次世界大战和第二次世界大战时的武器、从共和党人和德国人那儿得来的新的自动式武器、那些（少量的）盟军的武器，也许还有些经过德国人的手又到了我们手里的武器……我确信，我曾经肩上扛了个反坦克火箭筒，但当时没人知道那是什么。每种武器都有一段并不次于人类历史的生动历史，就像《疯狂的罗兰》一样，游击战争就是武器从这手到那手、从这个战场到那个战场的连续不断的传递，物品、衣服、背包和鞋子也是如此。此外，在我的第一部小说中，主线就已经是一把枪的历史。如果我现在写一部关于游击队员的短篇或长篇小说的话[……]应该是两种方式的交会点，即某种抽象的、演绎的、近几年我构建故事的方式，以及具体经验、详细描述对象、地点和行为的方式，后者是我时常感到必要的写作方式，尽管我很少能将其付诸实现。当然这需要一种比我的记忆更精确更具逻辑分析的记忆。这个故事会被看作非事件的故事，但是通过动植物群、气候、生理学和生存所必需的一切东西（武器、板栗、军需品、鞋带）之间的相互影响，逐步转移到当地的军事条件、盟军和德军的总部、与国际政治策略相关的意大利政治策略，伴随着焦面场以及语言密度、语言不同层次的搭配的不断扩大和集中，将用单独的小插曲突出自然、文化和历史事件的直接和间接的关系网络，在这插曲中一些普通的无名战士赌上了自己与他人的性命。（1973a）

都灵

ANNO I - N .13 — Sanremo, Martedì 1° Maggio 1945 — Lire 1 la copia

LA VOCE DELLA DEMOCRAZIA

ABBONAMENTI: Anno L. 250 - Semestre L. 126 Trimestre L. 66. (Spedizione in abbonamento postale) Direzione, Redazione, Amministrazione Via Roma 16 - San Remo - Telefono N. 59-96

Organo ufficiale del C. L. N. Circondariale di Sanremo

PUBBLICITA': Al millimetro di altezza, larghezza di colonna: Commerciali L. 5; Finanziari, legali, aste, concorsi L. 8; Necrologie L. 6; Economici L. 2 la parola (minimo dieci parole).

GARIBALDINI!

I vecchi dei partiti d'Avanguardia, quelli che sono rimasti, vi benedicono, ragazzi di Garibaldi.

Avete offerto la vostra vita per il trionfo della Fede senza retorica e senza colpi di tamburo, avete fatto quello che nessuno osava sperare da una gioventù nata e cresciuta sotto l'oppressione fascista.

Tra noi sono inutili i parloni e gli sbandieramenti — sappiamo quello che vogliamo. Abbiamo nella mente idee chiare e precise, vediamo nitidi gli ostacoli e il traguardo.

I monti vi hanno squadrato il corpo, la lotta senza quartiere vi ha temprato l'animo.

Vi abbiamo visti scendere e abbiamo rivisto in voi i giovani di molti anni fa, ma più forti e più belli.

La commozione che ci ha invasi non si può dirla a parole ma voi la comprendete.

Voi siete i nostri figli.

Avete insegnato a tutta la gioventù d'Italia come si combatte e si muore per un'Idea.

Altri compiti vi attendono, di Pace e di Giustizia.

Non è possibile che i vostri sacrifici, i caduti, i martiri, e soprattutto la Fede d'acciaio che vi ha sorretti in questi lunghi mesi, restino senza risultato.

Garibaldini, liberi cittadini di un mondo libero, la Nuova Epoca vi attende.

I vecchi dei partiti d'Avanguardia benedicono i loro Figli.

PRIMO MAGGIO VITTORIOSO

Prendiamoci per mano oggi, uomini e donne di tutto il mondo, sfiliamo per le strade delle nostre città in rovina, cantiamo, se il nodo di commozione che ci stringe la gola non ce lo impedisce: è il primo maggio, il primo maggio più radioso che l'umanità abbia festeggiato finora.

Sognamo? o forse fu un sogno quello che trascorremmo, un torbido incubo che terrorizzò il mondo per una lunga teoria d'anni ed ora è svanito? Il momento atteso per anni con impazienza sempre più assillante, invocato giorno per giorno, ora per ora, minuto per minuto, trasfigurato dalle nostre menti quasi in un mito irraggiungibile, quel momento ora è giunto. Chi pensa più ai lutti, alle sofferenze, alle rovine? La vittoria è arrisa alle forze della libertà, della giustizia, del progresso. La stanca umanità oggi appunta garofani rossi sulla sua veste di lutto.

La storia continua. Il cammino dell'uomo verso il completo affrancamento morale e materiale non poteva arrestarsi contro i muraglioni e i «bunker» dell'Organizzazione Todt. Le costruzioni di cinque secoli di progresso non potevano crollare per le esplosioni delle V 2. Il fascismo — e con questo termine comprendiamo anche il nazismo e i vari movimenti reazionari affini sorti in Europa dopo la prima guerra mondiale — il fascismo che si proponeva di cancellare le conquiste di almeno cinque secoli e di riportare la società al livello morale del medioevo, non rappresenta che una oscura parentesi di un venticinquennio nel bilancio della storia.

Parentesi? Possono nella storia del progresso esistere [illegible]? Come si spiegano? Che fu insomma questo fascismo che arrecò al mondo più rovine di qualsiasi catastrofe, ed ora agonizza sotto l'impeto delle armate di tutte le nazioni, unite contro di lui?

In questo primo maggio di eccezione — d'eccezione soprattutto per noi Italiani ai quali per oltre vent'anni fu impedito di festeggiarlo — noi salutiamo i grandi ideali cui la festa è dedicata: l'affrancamento del lavoro dal tallone capitalista che usa del lavoratore come di una merce o di uno strumento, l'unione fraterna di tutti i popoli, senza più frontiere nè mercati da conquistare a mezzo di periodiche guerre, l'uguaglianza di diritti di tutti i lavoratori di fronte ai beni che il lavoro produce.

Fu contro questi ideali umanitari, i più sublimi cui mai uomo aspirasse, che sorse il fascismo; a essi ideali mosse guerra e ad essi tentò di sostituire le folli e retoriche ideologie imperialiste e razziste, il reazionario culto delle tradizioni e una sua cosidetta etica fatta di sopraffazione e violenza. Perchè? Quali le ragioni ultime di tutto questo?

Troppo facile ed insoddisfacente sarebbe l'additare come sola causa la volontà di due folli megalomani, il prodotto di due cervelli malati, ricoperti rispettivamente da un cranio pelato e quadrato e da un ciuffo sbilenco ed obliquo. La storia è risultato di complicati giochi di forze economiche, non prodotto di volontà individuali. Alla luce dei recenti avvenimenti i due dittatori ci appaiono immensamente piccini al confronto degli eventi da loro scatenati.

Il fascismo fu la sbirraglia scatenata contro il proletariato per impedire la sua emancipazione: questa la manifesta realtà dei fatti. Il mostruoso fu che essa venne posta al governo del paese. Nel '22 la libertà politica fu venduta pur di conservare la libertà economica.

Sotto la nera bandiera della reazione trovarono subito un comodo usbergo istituzioni, che mutato il vento furono le prime a trasferirsi all'opposizione.

Polizia, esercito, burocrazia trovarono nel clima fascista l'ambiente ideale a prosperare in una corruzione beata e incosciente. Possono oggi queste istituzioni continuare a funzionare se non profondamente rivoluzionate?

Molto dobbiamo distruggere se molto vogliamo ricostruire.

Ma più infami di tutte furono le recenti imprese, da quando, dopo il collasso del '43, tramontati i miti imperialisti, perduto l'appoggio del capitalismo e passato all'incondizionato servizio del padrone tedesco, il fascismo scoprì d'essere nientemeno che repubblicano e sociale. C'era contraddizione nei termini ma tanto erano solo parole e nessuno le prese sul serio. Di fatto il cosidetto fascismo repubblicano non fu che una organizzazione poliziesca e spionistica al soldo dei tedeschi e non occorre rinnovare il troppo fresco ricordo dell'infamia di cui si coperse.

Questo fino a ieri, fino a pochi giorni fa. E adesso..... Ancora pochi giorni or sono, mentre combattevamo sotto le raffiche dei «mitra» fascisti e dei «machine-pistole» nazisti, ancora non osavamo sperare che per il 1.° Maggio avremmo lasciato il moschetto per la penna. Ma sia impugnando la penna, sia il moschetto, noi continueremo a combattere per il medesimo ideale.

L'ideale che in un 1.° Maggio non lontano gli uomini si riconoscano tutti liberi e fratelli, le fabbriche cessino di forgiare strumenti di morte, ci sia per tutti lavoro e riposo, la produzione non subisca carestie nè congestioni, l'arte e la scienza, veri fini [illegible] nuove conquiste.

Utopie? Ci si arriverà, statene certi. Dipenderà da noi l'arrivarci in dieci anni o in dieci secoli. Solo allora potremo dire che il sacrificio dei tanti caduti nella lotta non è stato sterile.

Ricordo dei Partigiani vivi e morti

Chi canterà le gesta della armata errante, l'epopea dei laceri eroi, le imprese dell'esercito scalzo, chi canterà l'anno di gloria e sangue trascorso sui monti?

Chi enumererà la schiera di quelli che non scesero, dei tanti morti lasciati lassù, con nello spento sguardo l'ultimo bagliore del combattimento o l'ultimo spasimo della tortura?

Chi tramanderà la lunga storia di imboscate e guerriglie, di battaglie e sbandamenti, di raffiche e cespugli, di fughe e assalti?

I primi morirono. Ma non fu vano il tuo sangue, Cascione, primo, più generoso e più valoroso di tutti i partigiani. Il tuo nome è ora leggendario, molti furono quelli che infiammati dal tuo esempio s'arruolarono sotto la tua bandiera.

E pure morì sotto il martirio nazista l'animatore d'una delle prime bande a Baiardo: Brunati, il partigiano poeta. E la trista Germania inghiottì Lina Meiffret, prima partigiana.

S'approssimava la primavera. Verso Rezzo era salito un uomo alto e flemmatico, dall'occhio allucinante e dal vestire trasandato: il Curto. Verso Langan vagava un uomo tarchiato e biondo, dallo sguardo azzurro e freddo, magnetico e impassibile: Vittò. Intorno a ognuno d'essi si ingrossò la schiera.

Chi canterà la spensierata andacia degli inizi, in cui ogni azione era una beffa, ogni arma conquistata un trofeo? Langan, nome glorioso, vedesti ingrossarsi le schiere, urlare l'entusiasmo, salire e scendere i camions gremiti ad ogni nuova azione, tra canti e sventolare di bandiere nella gloriosa primavera.

Chi canterà la battaglia di Carpenosa, di come trenta uomini fermarono quattro camions carichi di tedeschi, chi canterà come Herven si coprì di ferite e di gloria a Sel-

上页：1949 年的卡尔维诺。

本页：解放后，卡尔维诺与圣雷莫期刊《民主之声》合作。此处的影印件为 1945 年 5 月 1 日的《民主之声》，卡尔维诺在头版上发表了两篇文章。

意大利解放之后，卡尔维诺与圣雷莫的诸多报纸期刊展开合作：《民主之声》（圣雷莫国家解放委员会的机关报）、《我们的斗争》（意大利共产党圣雷莫支部的机关报）、《加里波第报》（费利切·卡肖内师部的机关报）。但是他的政治与文学生涯却与都灵息息相关。利用退伍军人的福利，他于 9 月份进入都灵文学院三年级就读。他频繁出入埃伊纳乌迪出版社，并与切萨雷·帕韦塞结为挚友。幸得帕韦塞的推荐，卡罗·穆谢塔主办的杂志《阿瑞梭莎》12 月份刊出了他的小说《军营中的苦闷》。12 月，他还开始与埃利奥·维托里尼主办的杂志《综合科技》展开合作，发表了《瘦骨嶙峋的利古里亚》。

二十世纪五十年代的卡尔维诺。

SETTIMANALE DI CULTURA CONTEMPORANEA

Lire 12

Editore Giulio Einaudi

IL POLITECNICO

10

1 Dicembre 1945

LIGURIA MAGRA E OSSUTA

Non solo alberghi e palmizi, in Riviera di Ponente, ma anche contadini poveri.

In un paese capitalista anche i piccoli proprietari sono sfruttati.

I contadini liguri hanno combattuto per avere giustizia.

Cacciatori di cinghiali contro tedeschi.

Non plebisciti, nè separatismi. Ma l'Italia pagherà il suo debito?

Lo spopolamento montano: paesi interi deserti, vallate che tornano incolte.

La milizia contro le capre

Floricoltori senz'acqua.

L'agonia degli oliveti.

ITALO CALVINO

liberlà:

《综合科技》的报头以及卡尔维诺的第一篇文章《瘦骨嶙峋的利古里亚》（1945年12月），发表在由埃伊纳乌迪出版社出版的、维托里尼主办的周刊上。

“战争刚一结束，我们年轻人环顾四下，试图塑造世界的形象时，首先向我们打开窗户的就是维托里尼主办的周刊《综合科技》。它的页面为红黑两色，每一期都是世界某一地区的调查专刊。”（1974a）

二十世纪三十年代的埃利奥·维托里尼。

1945年，我开始围着埃伊纳乌迪出版社打转；当时我仍住在圣雷莫，不过我经常前往米兰去拜访埃利奥·维托里尼，频繁出入《综合科技》编辑部，我也经常去都灵，脾气古怪的帕韦塞立刻待我如挚友，这段友谊对我日益珍贵，那几年是他生命的最后几年。我与朱利奥·埃伊纳乌迪的友谊持续了近四十年，这于我至关重要，因为大约在1945年底我在米兰遇到他，他立即给我提了若干建议。当时朱利奥的想法是，我具备从事实践、组织、经济活动的天分，也就是说，我属于他试图唤醒的新型知识分子；毕竟，朱利奥素来拥有一种唤醒人们发现自我才能的天赋。

于我而言，解放后那段时期是一次重生，我开始在埃伊纳乌迪出版社做些小事，主要是在分发到各省的报纸上写些广告，宣传即将出版的书籍，为外国作品或意大利手稿做些阅读卡。[……]

在米兰和都灵奔波了一段时间之后，我在都灵停下了脚步，成为朱利奥·埃伊纳乌迪以及与他共事的其他人的朋友与合作者，他们都比我年长：切萨雷·帕韦塞、费利切·巴尔博、娜塔莉亚·金兹伯格、马西莫·米拉、弗朗哥·文图里、保罗·塞里尼以及在全意大利直接或间接地与出版社合作的所有其他人，当然也包括一些像我一样在那时开始从事出版工作的新生代。

于是，此后大约十五年我一直是出版社的编辑。在这段时间里，我花在别人书上的时间要比花在自己书上的时间多。简而言之，尽管表面上我处于最有利的境地，但我仍设法在我自己和我的作家职业之间设置了一道屏障。（1984b）

1946年，卡尔维诺在报纸期刊上发表了诸多短篇小说，后来这些短篇小说结集成册，题为《最后来的是乌鸦》。从5月至12月，他负责都灵《团结报》的《时代人物》专栏，以新闻、电影和书籍为出发点展开关于时代文化与政治的批判性话题，例如：抵抗运动的传承与马里奥·谢尔巴的警察体系，苏维埃社会和美帝国主义，诗人艾吕雅的政治倾向与科米索的无政治倾向。除了《团结报》《综合科技》《重生》，他还在周刊《当代》以及工会和党政报刊期刊上发表辩论性专栏文章、风俗笔记和政治讽喻童话。他最关心的主题包括人与自然的关系——科技世界的非人道性和以比基尼岛的山羊[1]为代表的动物世界的自然纯真形

1 1946年，卡尔维诺在《团结报》上发表了题为《山羊在看着我们》的文章。文章就美国在比基尼环礁进行核试验提出了质疑：人们有没有想过，比基尼岛上的山羊是怎么想的？那些被炸毁的房子里的猫、战区的狗以及鱼雷爆炸时的鱼都是怎么想的？在那一刻，它们会如何评判人类？

卡尔维诺与朋友们初识的那个年代。图中人物按顺时针方向分别是：切萨雷·帕韦塞、费利切·巴尔博、娜塔莉亚·金兹伯格。

“（卡尔维诺）写了一些短篇小说，刚写完一篇，他就会拿去给娜塔莉亚·金兹伯格和切萨雷·帕韦塞看，他们二人当时正在重新创办埃伊纳乌迪出版社的一些部门。[……] 费利切·巴尔博当时加入了意大利共产党，他的友谊、崇高的精神和强大的感染力对卡尔维诺至关重要。”（1970a）

第一版《最后来的是乌鸦》（1949年）的封面。封面插图是耶罗尼米斯·博的画作《人间乐园》的局部图。

“1949年，我出版了一本短篇小说集。跟所有短篇小说集一样，印刷量有限，只有一千五百册，不过足以满足评论家与少数了解意大利文坛动向的读者的需求。”（1984b）

成对比：“人类不能脱离自然界，人类是动物中进化得最高级的动物，我完全赞同这一观点。在我看来，这种观念并不会贬低人类，而是赋予他更多的责任，使他具有较高的道德素养，不专横跋扈，从而阻止很多错误的发生。”（1946）

我不会忘记解放后头几年的《团结报》，因为我在该报的专栏上进行了新闻写作和文学创作的初期尝试。那时的报纸平日里只有一页，只有周日才有四页。当他们周四也发行四页时，似乎是闻所未闻的奢华。《团结报》有四个版本（米兰版，都灵版，热那亚版，罗马版）；每个版本的第三页有所不同，我便在这一页上发表短篇小说和书评。1946年，

左图：1950年前后，意大利共产党的积极分子在都灵万齐利亚工人街区发放《团结报》的纪念照。

右图：都灵《团结报》的编辑阿方索·加托。

由游击队司令官领导的热那亚版的《团结报》举办了一次短篇小说大赛，两名年轻人获奖，可以说他们二人开始写作时从未离开过自己的家乡——马尔切洛·文图里来自福尔诺沃迪塔罗，而我来自圣雷莫。我约莫记得我们每人分得了两万五千里拉。颁奖典礼在港口一个巨大的棚屋中举行，当时恰逢年末的一个民间节日，阿方索·加托朗诵诗词，声音洪亮，成千上万人都可以听得到。在都灵的第二年，我与阿方索·加托成为朋友，这期间他是皮埃蒙特大区的《团结报》的编辑。那是一段极端贫困的时期，每天晚上的消遣便是我们在大马路上边走边讨论问题。

我开始与都灵的《团结报》合作时，尤利西斯（达维德·拉尤洛的笔名）担任主编，雷夫·瓦朗担任第三页的编辑，而米兰的《团结报》第三页由詹西罗·费拉塔担任编辑。在1948年的竞选活动中，我担任皮埃蒙特大区的《团结报》的特派记者，之后我又接任瓦朗成为第三页的编辑，而他则开始从事电影工作。当时保罗·斯普里亚诺辅助我的工作，后来他接任我的职务。都灵的社长是马里奥·蒙塔尼亚纳，他待我如慈父一般，具有老一辈军人的风采与严谨的品质。关于这段时期，我记忆犹新的是在陶里亚蒂遇袭之后，1948年7月发生的大罢工，当时我住在都灵被占领的工厂中。（1974b）

无巧不成书，1948年7月14日，即陶里亚蒂遇袭那天，都灵的《团结报》上发表了卡尔维诺从电影《艰辛的米》剧组发来的新闻报道，报道中显示出卡尔维诺对年轻的电影女主演西尔瓦娜·曼加诺的极大热情。全国总罢工期间，《团结报》休刊，但卡尔维诺作为通讯员，依然在都灵被占领的工厂里不断工作，为我们留下了那段时期的见证。那是一篇简短的文章——《钢铁堡垒》，于1948年7月16日在都灵工会的专刊《阶级意识》上匿名发表，文章讲述了正在进行中的罢工和示威活动。

都灵伟大的心脏在工厂的门后跳动着。夜已经深了，但工人们还未入睡，他们在等待着。在这个布满雷雨云的夏夜，街道已经被细雨打湿，闪闪发亮，而在钢架塔的顶部，失眠的双眼注视着那空无一人的街道。

走近围墙，似乎一切都像每个周日的晚上一样睡着了，但是如果你打开一条门缝，你就会看见裹着深色短斗篷的老工人的白胡子。似乎自从数不尽的烟囱在郊区草丛中如雨后春笋般涌现时，他就已经在那儿站岗，年复一年，他在等待他的时刻。你还会看见游击队员长发蓬乱，他张大鼻孔，嗅着四月的气息。

PREZZO LIRE 15

PREZZO LIRE 15

coscienza di classe

FOGLIO D'INFORMAZIONE DELLA CAMERA DEL LAVORO DI TORINO E PROVINCIA

DOPO IL CRIMINALE ATTENTATO A TOGLIATTI

Sciopero generale in tutta Italia

L'Esecutivo della C.G.I.L. ha stabilito: "Tutti i lavoratori di tutte le categorie entreranno in sciopero a partire dalla mezzanotte di mercoledì 14 luglio„

L'obiettivo di questa lotta

Le condizioni di Togliatti leggermente migliorate

Responsabilità di governo

L'ENERGICA REAZIONE DEI LAVORATORI ITALIANI

Le disposizioni della C.G.I.L.

PER LA DIFESA DELLA LIBERTÀ

I LAVORATORI TORINESI presidiano gli stabilimenti

UN MANIFESTO del Partito Socialista

La seduta alla Camera

La seduta al Senato

1948 年 7 月 15 日的《阶级意识》（1948 年 7 月 14 日至 15 日大罢工期间在都灵发行的唯一一家报纸）的头版，我们可以看到上面刊登了卡尔维诺撰写的文章《都灵工人驻守工厂》。

装满巨型废料的车厢堵住了费列勒大街，后面就是牢不可破的堡垒。那是一片金属森林，那些几何形城堡高高耸立，直插阴云密布的天空。而在堡垒内部，工人们遍布车间迷宫的各个角落，他们三五成群，一边小声交谈一边走来走去。他们如此交流如此走动已经有两天两夜了，随着时间一分一秒地流逝，他们的决策愈发冷静，他们的进攻意识愈发强烈，他们内心与交叉的双臂的力量愈发强大，现在全意大利成千上万的同伴跟他们一样，无人入眠，他们都在等待着，他们的力量排山倒海，势如燎原。

费列勒的夜景令人印象深刻。从高悬的铁桥上看去，在似雾气蒸腾的朦胧中，巨大的钢锭黑压压地堆成一座座小山；还有成堆的铁棒、庞大的运输车、硕大的压力机，这一切都像是被人类－工人驯服的庞然大物。整个厂区神秘而坚不可摧，连党卫队都害怕来这里：钢铁工人就住在这里，他们能够像拧弯炽热的钢铁一样扭转历史。

街道在低矮的棚屋和高大的金属厂房之间蜿蜒，路灯有气无力地散发着昏黄的光芒。你会看到老老少少的工人从各个通道走出来，直奔高炉车间，如同一个个发着磷光的幻影。食堂里正在召开支部会议。食堂的入口是一段巨大的管道，犹如通往世界深处的通道。

左图：1949 年，电影《艰辛的米》中的西尔瓦娜 · 曼加诺。

右图：卡尔维诺与演员西尔瓦娜 · 曼加诺。

“西尔瓦娜 · 曼加诺将是电影《艰辛的米》的一大财富。她是罗马人，十八岁，拥有波提切利笔下的维纳斯的脸庞与秀发，但她的表情更为高傲，既甜美又高傲，黑眼金发，肤如凝脂，晶莹剔透，香肩美背，

犹如浮雕美玉般优美，端庄又不失灵动，纤腰盈盈一握，四肢修长，凹凸有致。总之，西尔瓦娜·曼加诺给我留下了深刻的印象，我必须坦言，她的任何一张照片都只不过是观凤一羽。”（1948）

食堂内部已是济济一堂，所有人都表情坚定而严肃。无产阶级正迎来其历史上最伟大的时刻。外面，蒙蒙细雨中的街道在寒屋陋舍中蜿蜒。

随后，1948 年 9 月 18 日，卡尔维诺以化名哈姆雷特在《团结报》上发表了一篇语调完全不同的文章，这篇文章展示了记者卡尔维诺诙谐的即兴创作技巧。

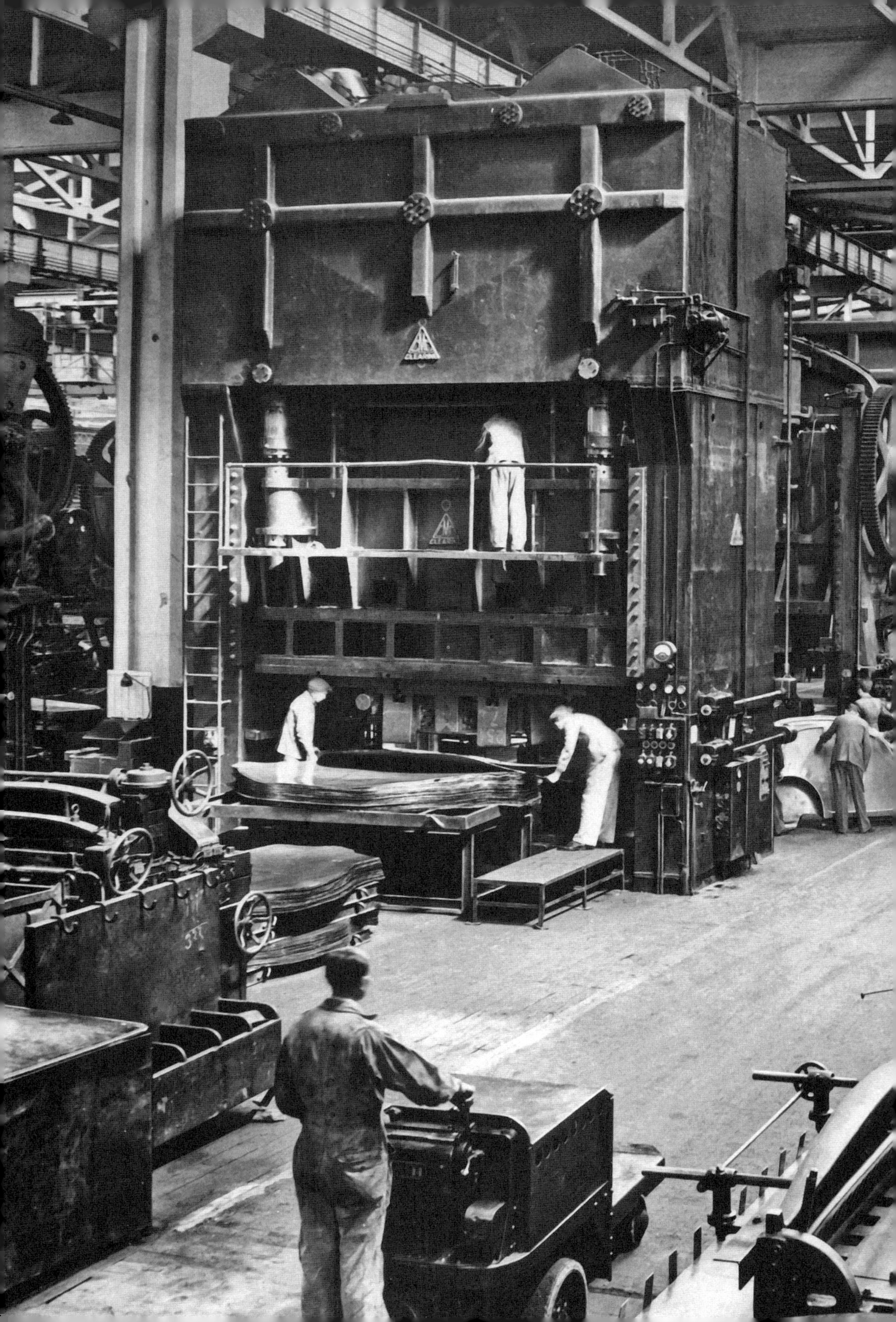

都灵菲亚特一家工厂的内部。

1959 年，都灵菲亚特一家工厂的组装线。

我冥思苦想已有两个星期，但在很多方面我仍犹豫不决。第一，该如何去桑戈内呢？有轨电车是最常规的交通工具，7 号线将有幸运送成千上万的参与者去参加庆祝活动。

但随后我认为，在庆典之类的特殊场合，有轨电车太普通，你们能够想象克里斯托弗·哥伦布乘电车到达圣萨尔瓦多吗？我想，应该骑马去参加《团结报》的庆祝活动！或者乘坐皮卡德深潜器去，你们觉得怎么样？你们会看到桑戈内河面涌起一阵阵气泡，然后就出现了藻类包裹的球形钢制外壳！深潜器打开了，我神清气爽地跳出来，然后把它存放在停车场。

1952 年，都灵的《团结报》的庆祝活动。

但是说到停车场，我既没有深潜器也没有马，所以我可以骑自行车去。在一个美丽的秋天清晨，沿着波河和华伦天奴公园骑行，将是一件多么赏心悦目的事情。但是据说某巴贝拉[1]会像洪水一般涌入庆祝活动。恐怕周日晚上返程时，我的自行车会开始进行马术障碍赛，如果我最后栽到沟里怎么办?

乘卡车去将是比较实用的解决之道，每个工厂、每个部门都要组织一些。但是，上次我乘卡车时，一只胳膊卡着喉咙，一只膝盖顶着右胸，而且还有一个一吨重的女人坐在我的一处胼胝上，于是我对这种交通工具有了刻骨铭心的厌恶。

如果我有辆车，事情当然就会完全不同。但是我现在连一辆蓝贝塔踏板车都没有，尽管我已经将全部本钱投到《团结报》的饰带徽章上，但我还是希望很快能拥有一辆车。或者我可以走水路去，当然需要一艘上好的帆船。简而言之，我还没有做好决定，但可以肯定的是，在庆祝活动上，我会骑着圣方济各的马[2]，拿着棍子背着行囊。

说到行囊，第二个亟待解决的严重问题就来了：需要带吃的吗？但是此刻，我被明确告知不需要带食物。只要你想吃，就会有食物，实际上他们说的是一些小鱼……但是我有我担心的理由。

在每个人都必须自备食物的远足或野营活动中，我素来是那个双手插在口袋里，连背包都不带的人。然后，只要在大家三五成群坐在草地上开始掏背包的时候，在他们中间走一圈，一面欣然接受，一面欲拒还迎，

1 一种葡萄酒的名字。

2 意大利语中“骑着圣方济各的马”的意思就是徒步，棍子就是圣人方济各的“马”，用来辅助行走。

二十世纪五十年代的卡伊罗利大道和马基雅维利沿波河大道。卡尔维诺的公寓就在波河左岸圣朱利亚街将要建起的楼宇中。

就能绅士一般饱餐一顿。尤其是在有女孩子的地方，众所周知，女孩子出游时所带的东西总是所需的三倍。但是现在，事情变糟了：我的做法被众人奉为典范，有一次野餐时，碰巧所有人都效仿了我的做法。我们不得不以草地上的草和松脂为食。

因此在这一点上，我们大可放心：吃的不会缺，喝的也不会缺。

但是，这里又出现了一个非常严重的难题：该穿什么衣服？我不知道。这个《团结报》真的应该把庆祝活动组织得更好一点，规定大家该穿早礼服、午礼服还是晚礼服，如此像我这样关心自己仪表的人就会立刻知道该怎么做了。

卡尔维诺在埃伊纳乌迪出版社前面的翁贝托国王大街上。

鉴于乡村活动最终总是会在草地上活动，最明智的做法是选择家里最破旧的衣服，或者工作服。但是我去桑戈内的目的是要结识一位金发女郎，那我最好穿一身漂亮又不特别惹眼的衣服露面。

但是，像《团结报》这样的庆典，需要身着一套特殊的礼服，例如，完全为《团结报》而制作的套装：用报纸第四页做成的外套，用体育新闻做成的上宽下窄的朱阿夫式裤子，用第三页剪裁的图案奇特的领带，用范范尼计划的最新消息做成的腰带。

总之，我仍然有很多事情要做出抉择，但是你可以放心，我肯定会以这种方式或那种方式出现在《团结报》的庆祝活动上。

哈姆雷特

卡尔维诺的政治斗争是反教条的、辩论的，是建立在“需要认识对手”和对负面的认识的基础上的，所以像卡洛·莱维这样的反法西斯民主知识分子，对非理性和神秘野蛮的文化充满好奇，能够吸引卡尔维诺并非出于偶然。卡尔维诺以同样的方式拒绝精神与机器之间的传统人文对立。他认为，工业文明是不可逆转的人类进程，蕴含着潜能与渐进的发展，而这些发展又是在人类领导下进行合理组织和管理的。同样，新作家必须具备科学家的“冷酷无情”，必须获得最有意识且最理性的技术手段。伦理学和技巧实践的理论化可以追溯到1947年。卡尔维诺心中的勇士包括：船长约瑟夫·康拉德，他是帆船与小船主文明的象征性代表，代表了一个“理性严谨、纪律严明、勇气和责任感的世界”；海明威笔下的人物，在一个难以捉摸的世界里单打独斗，虽然最终被击败，但仍然能够以道德–竞技的准则与之抗衡；史蒂文森，他的作品具有“精准而

第一版《通向蜘蛛巢的小径》的封面。卡尔维诺于1946年12月完成该作品，并于1947年发表。

“对于一个寂寂无名的年轻人的处女作来说，在当时可算是成功的：在很短时间内就售出了三千册，很快又加印了两千册。”（1984b）

干净利落的美德呈现”并且“极为关注风格”。1947年，卡尔维诺的毕业论文写的正是康拉德。

帕韦塞与詹西罗·费拉塔推动了这位年轻作家向长篇小说迈进。《通向蜘蛛巢的小径》创作于1946年12月，二十天内一气呵成。卡尔维诺在给斯卡尔法里的信中写道：“但是，如今写作是最贫寒、最像苦行僧的职业：我住在都灵寒冷的阁楼上，仅靠我每周通过合作赚取的几千里拉，实在苦不堪言，我只能束紧腰带，等待我父亲寄来的汇票。”该小说未能在蒙达多利出版社举办的新作家竞赛中获胜，但是第二年，埃伊纳乌迪出版社出版了该小说，并成功获得里乔内文学奖。帕韦塞在《团结报》上发表的著名评论中开创了卡尔维诺“钢笔松鼠”的形象，说他善于“在丛林中攀爬，更多是出于娱乐而非恐惧，并且将游击队生活视为一种喧闹非凡、丰富多彩、‘与众不同’的森林童话”。帕韦塞言及小说具有“阿里奥斯托的风格”，并在评论中提及史蒂文森、吉卜林、

左上图和右上图：1947 年夏天卡尔维诺在布拉格参加世界青年联欢节。

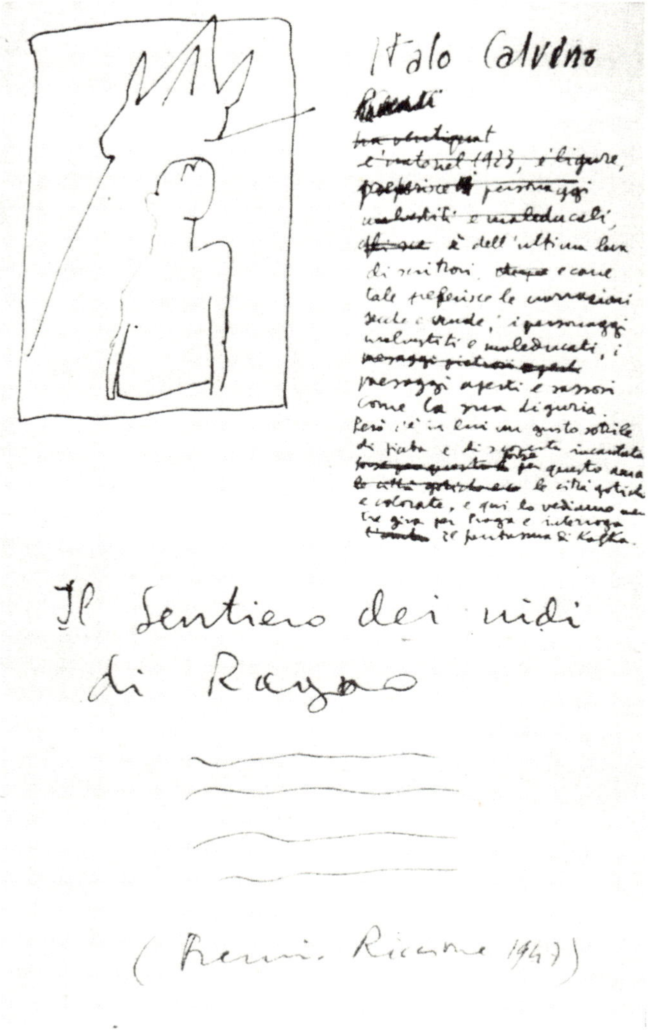

左下图：卡尔维诺为第二版《通向蜘蛛巢的小径》制作的图书卡草图。卡尔维诺使用了 1947 年布拉格之行中他在火药塔下拍摄的照片。

右下图：卡尔维诺在《通向蜘蛛巢的小径》中写给其父母的献词。

致我亲爱的父母：

下次会更好。

伊塔洛

1947 年 3 月于都灵

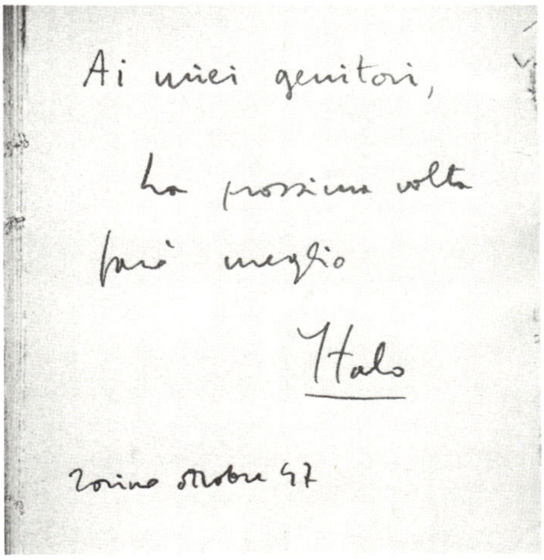

1939 年的埃乌杰尼奥·蒙塔莱，他是卡尔维诺终身喜欢的作家。

“从我青少年时期起，蒙塔莱就是我喜欢的诗人，现在依然如此。我依然是一个狂热的蒙塔莱迷。然后，我是利古里亚人，所以我学会通过蒙塔莱的书来阅读我的风景。他在道德上的训诫对我而言极其重要。”（1979）

狄更斯、涅沃。1964 年，卡尔维诺以历史学家的眼光重新介绍这部小说，他说道，小男孩皮恩与游击战争之间的关系“象征性地对应了那时我发现自己与游击战争之间的关系。皮恩小时候在面对难以理解的成年人世界时的自卑，与我在同样情况下作为资产阶级所感受的自卑如出一辙”。

至于他喜欢的作家，卡尔维诺本人给我们列出了一份清单，他用寥寥几个形容词就凝练出了恰到好处的评论（并且用一句俏皮的自我指涉的句子作为结语）：

我之所以最喜欢司汤达，是因为在他的作品中个人的道德张力、历史张力和生活动力融为一体，成为一个线性的小说张力。我喜欢普希金，因为他文笔清晰明澈，具有讽刺性与严肃性。我喜欢海明威，因为他实事求是，淡写轻描，渴望幸福，又充满悲伤。我喜欢史蒂文森，因为他似乎在展翅翱翔。我喜欢契诃夫，因为他到达了极致。我喜欢康拉德，因为他在深渊中航行却不会沉溺其中。我喜欢托尔斯泰，因为有时我似乎身临其境去了解他的写作方式，却一无所获。我喜欢曼佐尼，因为直到前不久我还恨他。我喜欢切斯特顿，因为他想成为天主教徒伏尔泰，而我想成为共产党员切斯特顿。我喜欢福楼拜，因为继他之后，再也无人会像他那样做。我喜欢《金甲虫》的作者爱伦·坡。我喜欢写《哈克贝利·费恩历险记》的马克·吐温。我喜欢写《丛林故事》的吉卜林。我喜欢涅沃，因为我每次重读他的作品，都如第一次阅读一样开心。我喜欢简·奥斯汀，因为我从来没有读过她的作品，但我很高兴她出现过。我喜欢果戈里，因为他以纯真、邪恶与适度的方式进行变形。我喜欢陀思妥耶夫斯基，因为他始终如一、满腔愤怒且毫无节制地进行变形。我喜欢卡夫卡，因为他很现实。我喜欢莫泊桑，因为他的作品浅显通俗。我喜欢曼斯菲尔德，因为她很聪明。我喜欢菲茨杰拉德，因为他一直不满足。我喜欢拉迪盖，因为青春一去不复返。我喜欢斯维沃，因为我们必须变老。我喜欢……

伊塔洛·卡尔维诺（1959）

在埃伊纳乌迪出版社期间，卡尔维诺负责新闻与广告办公室的工作。他在 1948 年 1 月 10 日为书商油印的《文化信息简报》中描述了出版社的活动。该文章标题为“出版社的秘密生活”，署名为化名埃内亚·特拉韦尔索。

许多年轻作家可能将这些窗户视作自己所爱女子的窗户：当代文化的相当一部分以手稿、第一稿、第二稿、成书的形式进入了这扇门，又走出了这扇门。然而，从外面看到的是位于都灵翁贝托大街的一栋二十世纪黄绿两色的建筑，没有人会怀疑这就是意大利最重要的出版社之一。

书是最熟悉的物品（即使不及有的那样熟悉），也是最神秘的物品。

从作者的构思到书商的橱窗，长路漫漫。有多少读者了解其各个阶段？带着这样的好奇心，我准备走进埃伊纳乌迪出版社在都灵的总部进行实地参观。刚一进门，我可以进入的第一间办公室简直比花园还绚烂多彩。墙壁上装饰着各种彩色封面，挂着各种广告牌，这些牌子的字体跟眼科医生的广告一样，变化无穷。这是技术办公室，负责书籍的印刷。一张桌子旁，画家艾蒙内正在画纸上勾勒着，他告诉我："做一个封面比画一幅画还难。"他解释说，最难的不是插图封面，而是文字封面。封面必须既要引人注目又不能浮华，在封面上排列五六个字有点像画"抽象画"。埃伊纳乌迪出版社著名的系列丛书都有自己非常严格的印刷风格，在不断发展和现代化的同时，保持了素来无可挑剔的优雅风格。杂文系列的书籍的红色边框颜色越来越深，边框越来越纤细，这不像女士的裙子变化无常，而是在品位上经过了严格的改进，始终保持精致。例如，丛书"珊瑚"是个新面孔，就封面而言，这套丛书别具一格，同时又具有典型的埃伊纳乌迪风格，因每部作品变化不一，其视觉冲击甚至先于思维冲击，将它们组合在一起毫无疑问是在"制作一条项链"。值得注意的是，与其他出版社著名的丛书系列不同，它完全出于原创，不受外国版本的影响。一个身材瘦长的年轻人从堆积如山的校样后面冒出来，那是负责印刷的莫利纳先生。除非经过修改校对，否则所有手稿，即使是世界文化中最知名人士的手稿，都无法走出他的办公室。因为排版艺术的需求，莫利纳先生可以强行命令蒙塔莱、雅斯贝尔斯、陶里亚蒂、海明威等使用引号代替连字符，使用斜体代替粗体。

从技术办公室出来，我们将参观行政和销售办公室。完全依靠这些优秀的女打字员从早到晚在计算机上码字，埃伊纳乌迪出版社才建立起文学、哲学、历史等庞大的建筑。这两间办公室掌控着意大利所有的书店，

位于翁贝托国王大街的建筑，大门位于比安卡马诺大街，埃伊纳乌迪出版社于1945年将总部搬迁至此。出版社的办公室位于一楼和二楼。

二十世纪五十年代，卡尔维诺在埃伊纳乌迪出版社。

“历史学家和哲学家比文学家和作家多，不同政治和意识形态倾向的支持者之间不断进行辩论，这些营造了都灵出版社的氛围，也对年轻的卡尔维诺的成长起到了至关重要的作用。”（1970a）

二十世纪五十年代中期卡尔维诺（背对镜头的那位）与莫尼卡·维蒂。

“[……] 一位非常年轻的女演员，当时尚未走红，（1954 年）她为埃伊纳乌迪出版社的图书宣传周朗读布莱希特的作品，她就是莫尼卡·维蒂。”（1977）

卡洛·莱维的自画像。

哪怕您进入“边陲之地”梅拉诺或卡坦扎罗的最不起眼的书店购买一本埃伊纳乌迪出版社出版的书时，这里都会知道——您怎么可能觉得它不重要？商业总监舍雷尔先生在抽烟斗，他十分严谨又少言寡语。不过，通过询问他与佩德雷蒂小姐，我们设法得到一些内部消息。哪本书最畅销？《基督不到的地方》已经连续两年位居畅销书榜首。幸运的是，这是一本意大利作家写的书。市场上哪种书需求量最大？现代小说，通常是外国小说，近来经典小说需求量明显放缓。一本书问世后销量很大（除了少数例外），其销量随后急剧下降。如今在意大利，普通的购书者数量非常有限，并且马上就饱和了，这很糟糕。奇怪的是，大部头的书比小册子销量好。

爬上一段旋转楼梯，我们走出了我们总是“相爱相杀”的字符丛林。我们来到社长朱利奥·埃伊纳乌迪的办公室。他工作繁忙，站着接待了我们。他比我们想象中年轻，神态慵懒却不失活力。在他的公司中，从购买纸张到编制目录，从选择要翻译的文本到发行量，事无巨细他都要负责。在他的办公室中间，一套金字塔形的家具上摆放着出版社所有的新书，一套丛书连着一套丛书，排成几排，其中一些包裹着“玻璃纸”，就像一盒盒巧克力。朱利奥·埃伊纳乌迪如同花卉学家带领大家参观兰花温室一般，自豪地为我们进行了介绍。从他那里我们了解到，最近几个月，他的出版社平均每两天出版一本新书，1947 年埃伊纳乌迪出版社的图书获得了三项文学奖，1946 年也同样获得了三项文学奖，1947 年已经出版了三个新系列丛书：“珊瑚”、“千年”和“葛兰西系列作品”，不久后还将出另外一个新系列：“宗教、民族学与心理学研究作品集”。但是电话响了，埃伊纳乌迪只好匆匆结束谈话，让我们去编辑部。

在摆满烟头和英文书籍的桌子另一头，我们见到了切萨雷·帕韦塞，自出版社成立以来，他（与在解放战争中牺牲的莱昂内·金兹伯格一起）编辑了埃伊纳乌迪出版社所有的文学丛书。“外国叙事作品”与“珊瑚”丛书的译本是否精准无误，不仅取决于译者，还取决于帕韦塞认真审慎的修改，对文本的检查，不漏掉任何一个单词。切萨雷·帕韦塞在成为叙事作家、诗人和学者之前，他热衷于宣称自己是语文学家和语言学家。

贾伊迈·平托尔（1919—1943），战时埃伊纳乌迪出版社最活跃的合作者之一，后来在抵抗运动中牺牲。

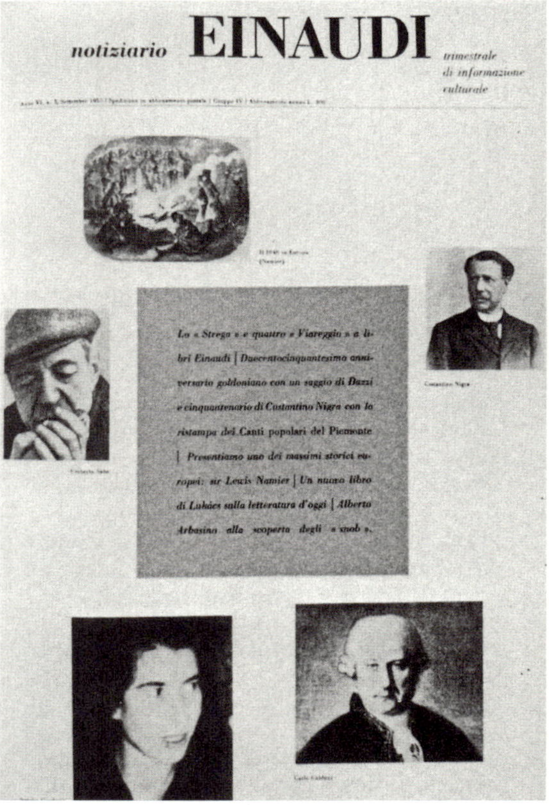

notiziario EINAUDI

trimestrale di informazione culturale

Lo « Strega » e quattro « Viareggio » a libri Einaudi | Duecentocinquantesimo anniversario goldoniano con un saggio di Dazzi e cinquantenario di Costantino Nigra con la ristampa dei Canti popolari del Piemonte | Presentiamo uno dei massimi storici europei: sir Lewis Namier | Un nuovo libro di Lukács sulla letteratura d'oggi | Alberto Arbasino alla scoperta degli « snob ».

《埃伊纳乌迪新闻简报》的扉页，这是1952年至1959年由卡尔维诺负责的文化信息月刊（后改为季刊）。该刊除了发表过卡尔维诺的文章（通常未署名），还发表过博比奥、卡塞斯、卢波里尼、米拉、索米、文图里等很多人的文章。

1966 年，卡尔维诺在罗马的蒙特布里安佐街的公寓中。

他抱怨近年来缺乏优秀译者："年轻人对翻译没有热情，他们都想成为小说家或者部长。他们认为，翻译是一项无须努力的工作，就不屑一顾。殊不知，翻译是阅读外国文本的唯一方法，也是学习意大利语的唯一方法。"

在他的桌子旁边，娜塔莉亚·金兹伯格时而校对法文的意大利语译本，时而在修改几页新小说的草稿，小说用巨大的字体写在印刷品背面的空白处。在这间办公室，来自意大利各地的成百上千人的手稿如雪片般纷至沓来，在这个幸运的国家，文学受到了人们的欢迎。

在相邻的办公室，保罗·塞里尼负责编辑历史和经济方面的书籍。尽管他既不白发苍苍，也不须髯飘飘，却是出版社的博物君子。他对近三百年来的欧洲文化了如指掌，在不计其数的日期中，没有一个错误日期或是不完整的参考书目能够逃过他的火眼金睛。

我们告别历史，迎来哲学：费利切·巴尔博的办公桌是所有人中最干净整洁的，但是存在主义者的作品紧挨着历史唯物主义者的作品，而理想主义者的作品与天主教的作品并列摆放。在他的办公室里，专业和业余哲学家络绎不绝，有时新托马斯主义教士还会偶遇来此求教马克思主义的共产主义者。在巴尔博桌子旁边的墙上，悬挂着一幅贾伊迈·平托尔的肖像，他是在解放战争中牺牲的另一位出版社的重要合作者。

最后一间办公室是新闻服务部的办公室，在这里，伊塔洛·卡尔维诺从堆积如山的《新闻回声》的剪报中冒出来，他声称他非常忙碌，因为他当天必须为即将发布的一本书的封面找到一篇吹捧性短文。他向我们坦言，"吹捧性短文"是他的爱好，每当他脑海里闪现出长篇小说创作的火花时，他首先想到的是如何写好"吹捧性短文"，而火花就熄灭了。

这就是我在都灵所见到的。埃伊纳乌迪出版社的触角延伸到意大利

上图：欧内斯特·海明威。1948 年，受朱利奥·埃伊纳乌迪的委托，卡尔维诺与娜塔莉亚·金兹伯格在斯特雷萨与他会面。

下图：卡尔维诺与卡塞斯。

及国外的各个城市。商业仓库或地道的文化机构与都灵管理层联系密切，它们在出版项目的发布和起草方面进行合作。在这里，我们感觉置身于一种充满活力、切实有效的文化环境之中。也许这就是这家出版社成功的秘密。

我向他们表示感谢，然后辞行；他们每个人都对我非常友好。他们坦言，起初他们以为我是一位年轻作家，后来意识到我不是，所以他们如释重负。

在埃伊纳乌迪出版社，从1952年5月开始，等待卡尔维诺完成的最繁重的任务之一就是筹备“文化信息月刊”。该刊物主要发布活动预告、访谈、书评、各种周年纪念文章、讣告、文学奖新闻、各种活动新闻，例如每年夏初举行的“埃伊纳乌迪图书周”，出版社里最具代表性的人士，包括卡尔维诺本人，都会巡回参加会议、演讲和辩论会。《埃伊纳乌迪新闻简报》从1957年创刊，直至1959年更改为季刊。基于出版社文化政策的总体背景，该刊主要介绍各项新举措、丛书、作者、图书活动。此外，该刊也发表诸如博比奥、安东尼切利、卡塞斯、卢波里尼、加布里埃莱·巴尔迪尼等学者的原创性学术论文。文章的主题偏好也体现出卡尔维诺的个性，这些主题主要包括：战争与抵抗运动、科学传播、童话世界（俄罗斯阿凡纳斯耶夫的童话、非洲童话以及《意大利童话》）、帕韦塞、卡洛·莱维。或者也可能出现的情况是，海明威获得诺贝尔文学奖的新闻引发了简洁而精准的批判性评价：在美国作家的生机论中，卡尔维诺看到了“矛盾丛生、痛苦的背景、悲伤的面纱”。尽管各种新闻铺天盖地，轰动一时，但海明威对他而言，依旧是“一位情感细腻的作家，执拗而缓慢地向世人授以训诫”，“一位精准而细致的设计师，

娜塔莉亚·金兹伯格的表情三连拍。

左下图：1951 年卡尔维诺完成了《分成两半的子爵》，1952 年发表在“筹码”丛书中，后来又在“珊瑚”丛书中出版（此处的封面插图是毕加索的一幅画的局部图）。

右下图：坐在图书和书信之间的海明威（1954 年于古巴）。

身后守护着完整的文学文明”。1955 年，卡尔维诺在《埃伊纳乌迪新闻简报》上提前发表了纲领性文章，该文章即后来的《狮子的骨髓》，是对政治和文学倾向的不同任务的定义，被称为“教授坚忍、讽刺、幽默和许多其他此类必要且艰难之事”。

1963 年，卡尔维诺在接受阿尔贝托 · 阿尔巴西诺采访时，谈及自己在出版社的职务由主编变为文学顾问时，他说：“我越来越意识到，我在埃伊纳乌迪工作并不像其他人那样是‘第二职业’。我很高兴我参与的不仅是一份‘工业工作’，而且是在意大利文化的整体版图上都留下烙印的团队工作，此外，这无疑是改变意大利出版社格局的决定性因素。我喜欢这份工作，没有出版社，我将无所适从。我不想放弃严谨的编辑工作，我所有的剩余时间都必须专注于我自己的一项工作，但这是一项不一定有回报的工作，不知道它是否能够完成，不知道是否有作品可以发表……”多年后，在接受马尔科 · 德拉莫的采访时，卡尔维诺回忆起他刚开始写作时是“一个肚子里没多少墨水的人”“一个自学成才的人”，他回忆说：“在我发现我成了作家时，那已经是相当晚的事情了。我为出版业工作了很长时间，在空闲时我写了大量后来由此印刷成册的东西，但是我生命中的大部分时间都献给了别人的书，而不是我自己的书。对此我很开心，因为出版业在我们所生活的意大利是很重要的，并且，在一个曾是意大利出版界的楷模的出版环境中工作过，这不是一件小事。”（1979）

娜塔莉亚 · 金兹伯格，作为卡尔维诺在埃伊纳乌迪出版社结交的一位新朋友，她在 1985 年 10 月的文学杂志《索引》中的一篇题为《太阳与月亮》的文章中回忆了多年前她与这位利古里亚作家的相遇：

1946年冬，我在都灵的埃伊纳乌迪出版社总部遇到了卡尔维诺，他当时站在走廊的火炉前。那是一个飘雪的早晨，天色昏暗，走廊亮着灯。火炉是卡斯泰拉蒙泰的陶质炉子，用手触摸时，手就会被染成红色。那时，卡尔维诺还在《团结报》工作，那天他碰巧在那里，也许是想来参考一些书写书评。那时，出版社人很少，大家都在等帕韦塞，他在罗马住了好几个月还没有回来。我和卡尔维诺站在炉子前聊了很久，也不知道当时我们为什么没有搬两把椅子来坐。

我清楚地记得那火炉，还有外面的雪。但我不记得我们都聊了些什么。我想，可能是短篇小说。那时，卡尔维诺写了一部题为《去指挥部》的短篇小说，并寄给维托里尼，要在《综合科技》上发表，维托里尼提出了一些保留意见。

那时我的偶像是海明威，而且我知道海明威也是卡尔维诺的偶像。我们二人喜欢海明威的短篇小说《白象似的群山》已整整十年。

此后不久，帕韦塞从罗马回来了，他和卡尔维诺就成了朋友。《去指挥部》也在《综合科技》上发表了。我认为，卡尔维诺是在帕韦塞的催促下离开了《团结报》，并且来到出版社长期工作。

两年后，我与卡尔维诺去斯特雷萨拜访海明威。我们当时是代表出版社去的。我们非常兴奋，但也担心他不肯见我们。后来，他把我们迎进他的房间。坐在一张小桌子旁，我也不记得为什么那桌子上点着蜡烛，我们终于可以告诉他我们有多么喜欢《白象似的群山》。

卡尔维诺会把他写的短篇小说带给我和帕韦塞看。他的字体圆润，笔画纤细，文中满是删改的痕迹。我们觉得小说非常优美。在文中，阳光灿烂，风景怡人，哪怕有时会发生战争、死亡和流血事件，但似乎没有什么能够遮挡住白昼的高光，即使在枝繁叶茂的树林之中，也不会有任何阴影遮挡孩童与飞禽走兽。从一开始，他的风格就是线性而明晰的；时光流转，后来就变成了纯净的水晶。在那种清新而透明的风格中，现实显得斑驳陆离，色彩缤纷；在那个文风严肃、沉重且素朴的时代，在那个我们试图告诉人们只有雨、雾与灰烬笼罩四野的世界中，那种怡情与阳光似乎是一个奇迹。

帕韦塞自杀身亡，卡尔维诺、巴尔博、朱利奥·埃伊纳乌迪和我本人共同面对这一噩耗。多年来，这一不幸使我们团结在一起，成为我们之间关系的稳固根基。即使这些年来我们生活在不同的城市，走过不同的路，失去的一些东西也将我们团结在一起。

1956年，卡尔维诺发表了《意大利童话》。我认为这是继《木偶奇遇记》之后在意大利出版的最优秀的儿童读物。他们应该让它成为校园读物；也许他们会这么做，但我认为他们应该做得更多才对。《意大利童话》的风格轻快而清晰。你将在其中学到具体、简洁以及羽毛般的轻盈；并且我们在《分成两半的子爵》以及他最初的短篇小说中所见到的那种令人愉悦的阳光，在《意大利童话》中也随处可见。

相反，卡尔维诺是这样描述娜塔莉亚的：

娜塔莉亚简洁明了的秘诀就在这里：“我”总是要面对“我”认为优于“我”的角色，面对于“我”的力量而言似乎过于复杂的状况，以及“我”用来刻画这些角色与情况的语言和概念性手段总是略低于需求。正是由于这种不均衡才产生了诗意的张力。诗歌向来是这样的：让大海从一个漏斗中通过；专注于极少量的表达方式，并尝试用这极少量的表

卡尔维诺与娜塔莉亚·金兹伯格在罗马威尼托大街的埃伊纳乌迪书店。后排中间是加布里埃莱·巴尔迪尼，右边是米凯兰杰罗·安东尼奥尼。

达方式表达极其复杂的内容。现在，文学趋于忘记这个漏斗：人们相信一切皆可书写，相信大海可以作为大海被表达与交流，而除了文字，大海和任何事物都不能交流。

娜塔莉亚不说废话，她总是直呼其名。她说“帆”那就是“帆”，说“鞋”就是“鞋”。她是如今仍然相信事物的极少数人之一，因此，在她的笔下，我们不断遇到孤立且独特的对象，它们几乎成为人类故事线索的底色。娜塔莉亚与海关关员亨利·卢梭一样，对具体性十分痴迷。当娜塔莉亚向我们描述一个人物的服装和外貌特征时，她并不像巴尔扎克和福楼拜

左图：二十世纪五十年代，卡尔维诺在做演讲。

那样信心十足地触及现实深处，而是带着海关关员亨利·卢梭那样的不懈努力完成了西服背心和条纹裤子，同时还想着可以从那不存在的风中去除一些固体，使得整个世界空无一物。这些外在物并不是为了定义角色，而只是为了保持亲密感和同情心。有时，一个动作，一个语调就足以让娜塔莉亚定义人物角色，有时也需要人物的所有后续行为来对其角色进行定义。例如在这部小说（《夜晚的声音》）中，有一个次要人物，文中所有人都认为他非常愚蠢而且令人讨厌，此外，他还是一个法西斯主义者，他总是发表一些索然无趣且不合时宜的讲话；然而读者却意识到他是一个非常优秀、诚实大方并且并不幸福的人。

作者丝毫没有对我们看待角色的态度进行干涉，她只是引领我们像在生活中那样一点一点地去评判他。

对娜塔莉亚而言，在纸上重现我们认识同胞的过程的这一爱好，与喜欢家庭故事如出一辙。她的爱好是创作家庭故事，其中包含真实家庭故事所具有的感情纽带、关系、特点、爱恨情仇，包含那些可预见性事件和偶然性事件，许多家庭的相同氛围，以及每代人抚养孩子的很多不可预见性。（1961）

在战后都灵的岁月中，费利切·巴尔博是我最重要的朋友之一。他具有很强的沟通才能，他洞彻明理、关心他人、虚怀若谷，面对不同情况不同对象他都有奇思妙想，所有这些才能使他成为独特的参照点，也解释了他对所有接触过的人产生的巨大影响。我想有一天我会写一篇文章介绍他以及他当年对各色人等（甚至对脾气古怪的帕韦塞）的影响，

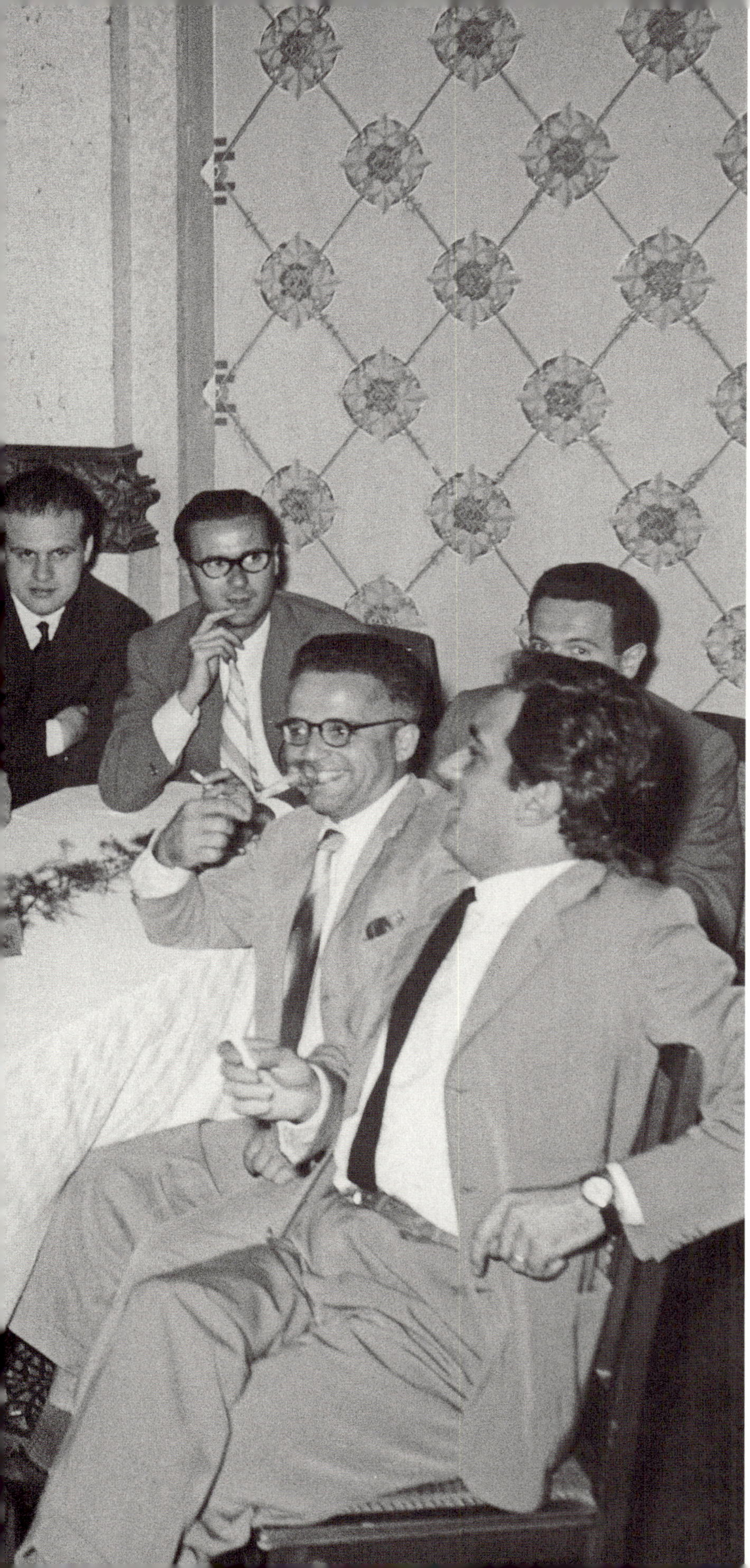

1954 年在圣佩莱格里诺举行的作家会议，众人围坐在桌子旁。卡尔维诺坐在乔治·巴萨尼和彼得罗·西塔提之间。坐在桌子最尽头的是多梅尼科·雷亚。

但是我不确定我能否成功写出来，因为很难在一篇文章中定义一个人的真相。对我而言，重建当时讨论的，尤其是在意大利共产党内部讨论的意识形态核心，相对容易一些，而且要解释为什么我出身于反教权的世俗家庭，在认识巴尔博之前，我从未与天主教徒有过交往，但认识他之后，我多次与他以及他的“基督教左派”团体的朋友们不谋而合。当然，这一话题会让我对那种看待政治和文化的方式的（相对）原因和（绝对）错误进行总结，现在我觉得那已经十分遥远，不是相隔三十年，而是三十光年。

通过费利切·巴尔博，我认识了来都灵讨论《文化与现实》项目的“罗马人”：马里奥·莫塔（其实他是都灵人，是该杂志的主编）、费代莱·达米科、弗朗科·罗达诺。尽管其核心是“天主教共产主义者”的杂志，但该杂志也面向非天主教徒和非共产主义者。尽管我认为这不是由巴尔博发起的倡议，也不是由他操作完成的[因为他总是在抽象（即思想方案）与具体（即人性实质）的不同层面上行动]，但可以肯定的是，巴尔博建立起的人际关系网络为该项目提供了活力。因此，那些每天在埃伊纳乌迪出版社与巴尔博一起工作的人和最亲近他的人，例如帕韦塞、娜塔莉亚·金兹伯格和我，自然而然地加入了该组织。我没有再看过我在《文化与现实》上发表过的文章。我只记得我就前共产主义作家们的名著《失败的上帝》发表的演讲，是以我与莫塔对话的形式完成的。（1981a）

但是，与切萨雷·帕韦塞依旧是最紧密的合作伙伴关系。

从 1946 年起，我一直在与帕韦塞打交道，直至 1950 年他去世。他是读过我所有作品的第一人。当时我写完一篇短篇小说，就跑去送给他看。

当他去世，我觉得没有了那位理想读者的标杆指引，我将不再擅长写作。在他去世之前，我不了解但他的老朋友们却一直知道：他是一位绝望的慢性病患者，为反复自杀的危机困扰。我那时认为他是一个硬汉，一个在他所有的问题上装上了铁甲的人，一系列怪癖则是众多的防御系统，因此他处在一个比任何人都更有利的位置。事实上，在我认识他的那些年里他确实如此，也许那也是他生命中最美好的几年，是他富有创造性的工作最具成效且最为成熟的几年，是重要作品创作、编辑工作最勤奋的几年。

有一天，我记不得我是从何处得知，他一直在写日记。这让我很吃惊，因为在我看来，他的文学理想和人类理想非常具体与审慎，与因为内心世界的不安而需要写日记的状态是完全对立的。我立刻跑去跟他说："你写日记？你疯了？"他回答："如果要做文人就需要深入，接受所有后果。"接着他就像在安慰我，补充说："但不是那种里面写着'今晚我很伤心'的日记，而是思考的、思想的日记；我一有想法，我就把它写下来。"我觉得他还补充了一句："就像莱奥帕尔迪的《杂记》。"然而它也是按照我们理解的那种我们不喜欢的方式写的日记：对悲伤的夜晚的发泄。但这种发泄是用充满生命和诗意构造的热铁铸就而成的。对我而言，在世的帕韦塞比去世后世人眼中的帕韦塞更为重要，更有代表力。但是这二者之间毫不矛盾：此者是彼者的严谨的悲剧性的深入。（1959a）

二十世纪六十年代中期，帕韦塞的《1945—1950年书信集》问世，卡尔维诺为其封面内折页撰写了未署名文章，为他的朋友帕韦塞刻画了一幅最人性化也最为严谨的肖像：

切萨雷·帕韦塞（1908—1950），诗人、叙事作家、散文家、翻译家，
从 1935 年直至他去世一直是出版社永不倦怠的引擎式人物。

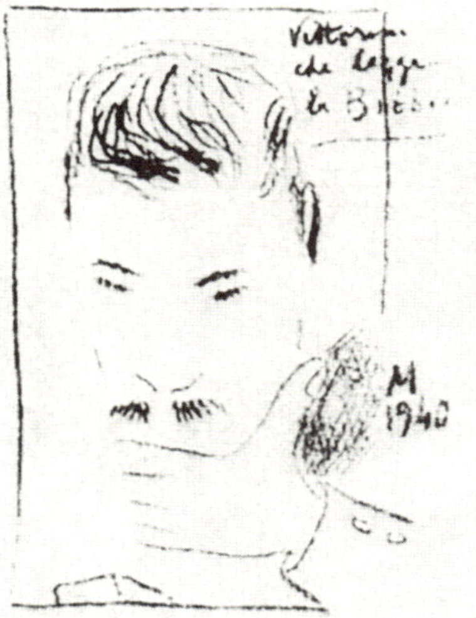

上图：都灵的罗马旅馆，1950 年 8 月 27 日帕韦塞在这里结束了生命。

下图：1940 年蒙塔莱绘制的“维托里尼在读《圣经》”，这幅画被用作卡尔维诺编写的《维托里尼：设计与文学》一书的封面，1968 年由谢威勒出版社出版。

1945年至1950年间，帕韦塞创作了《与琉喀忒亚对话》、《同伴》、《鸡鸣以前》、《美丽的夏天》、《月亮与篝火》以及一些神话文章；同时，他每天的生活都围绕着出版社转，这家出版社由不同的人管理，但所有人都渴望看到文化在战争的废墟上复兴（在办公室里，他是事业发展的推动者，他沉默寡言，什么活儿都干，但他要求其他人必须守时）；与此同时，他通过海量的人类学和古代宗教史的材料，坚持不懈地收集资料，并且与埃内斯托·德·马尔蒂诺对其进行讨论、翻译和修订，从而创建了“民族学”丛书；另外，他还参加了为意大利新文学而战的斗争，尽管有些不安，他仍企盼着尚不存在的新作家，对他们苦口婆心百般鼓励，也会痛心疾首大声训斥，他与维托里尼在一起时，他会感到志同道合，有时也会斗嘴抬杠，而与其他作家在一起时，他则像豪猪一样难以接近；此外，他逐字逐句地为《伊利亚特》的译文进行排版；尽管他从不迈出工作室一步，但他参与政治，有时，面对周遭紧张的冷战局势，他忍不住火暴的脾气，慷慨陈词，他很快意识到最激烈最持久的战斗是在己方阵营内进行的，但这并不能减缓他对敌对阵营的怒火。

在办公室里，他每天用旧校样的背面飞快地写几封信。他不断转换角色，时而是做着具体工作的管理者，时而又是用辛辣讥讽的笔调奋笔疾书的讽刺诗人。可以说，帕韦塞隐蔽在翁贝托国王大街的办公桌后面，终于达到了存在与智力的平衡，他为自己锻造了一身铠甲，燃烧工作的动力，在1945年末的最后危机中，抛开年轻人的绝望与自己的不确定性，此时，他可以带着明智、训诫以及些许嘲讽的眼光来评判世界。

然而，某天画风突变，好奇心与社交活动向帕韦塞敞开了大门，他第一次感到被认可。他接受了他的“公众”形象：不仅卸去了孤傲不群（不旅行、不拍照、不接受任何奖项等）的铠甲，而且不再回避激进的文化发言。他在党报上写辩论文章，参加创办“非正统”意识形态言论的杂志。既然他已经探索了史前时代的超脱时间性，那么他似乎准备将自己的时间活出所有的意义。1950年，对我们来说似乎已经是另一个世纪了，在那个时代转折点，下一个时代已经隐约可见，那是六十年代处在满意和神经质之间的意大利，是充满“文学成就”和“大众文化”的意大利，在意识形态上试图从头重述，希望能够弥补青年时期的苦难，同时又拒绝背叛已然在否定和虚无主义中极端化的自己，在这之间，良知受到冲击。而此时，亚洲笼罩在战争的阴影下。在这样的社会氛围下，帕韦塞遇到了在罗马拍电影的美国两姐妹。他爱上了妹妹，但却与姐姐时常互通书信，倾吐心声，尽管她时常是在要求他专门为她们创作电影。信件几乎每天都记录着急速而来的危机。这些信件成为一系列死亡预兆。切萨雷·帕韦塞在1950年如流星一闪而逝，他的短暂经历如同这个艰难时代的居民闯入未来，闯入我们今天生活的“轻松”世界，来了解要准备的东西。他拜访过我们，迅速环顾四下。他不喜欢，于是他离开了。（1966）

埃利奥·维托里尼是卡尔维诺在那个十年以及之后的十年中的另一位真正的对话者，他在1966年为维托里尼写了一篇纪念文章，而这篇文章至今几乎不为人知：

很难将死亡，甚至直到昨天也很难将疾病与维托里尼的形象联系起来。存在的消极性形象是当代文学的基础，但不是他的：维托里尼一直在寻找生活的新形象，而且他还知道如何激发他人的情感。我们这一代人中肯定有很多人承认，初读《西西里谈话》就唤起了我们的生命活力，

二十世纪六十年代的维托里尼。

“我觉得那是1946年初我与维托里尼进行的头几次交谈中的某一次，他对我说：‘现在，抵抗运动文学之后，我们需要创作关于重建的文学。《鲁滨孙漂流记》，我们必须写成《鲁滨孙漂流记》。’”（1949）

拉拉·罗马诺，照片摄于二十世纪五十年代。

“亲爱的拉拉，请注意，维托里尼要为你的书（指的是《玛丽亚》一书，将在“筹码”丛书中出版）的封面内折页题写文章，另外两本一起出版的书也是如此。但他在这点上有些偷懒，总是找各种借口拖延，比如他会说他没有作者的书目信息。你要给他打电话，把你的信息给他，然后接着打电话催他；他会说他把信息弄丢了，你再一次把信息发给他；到了一定时候，他会告诉你他已经把文章写完了并且发给我了；要注意，这不是真的，他经常说谎；你要告诉他你想看看文章，他会说他没有副本，你必须一直坚持，直到他真的写完文章。这是每次都必须遵循的程序，你从米兰给他打电话也可以为我们省去一些麻烦，同时也是为了你的利益考虑。祝好。”（1953b）

呼唤我们进行表达，肩负起道德责任。维托里尼的写作与工作都是为了扩大他人写作（和生活）的可能性。他喜欢通过他人的声音来证明革新文学的建议。他不但善于发现作家，还善于“创造”作家：早在翻译美国小说时，他就知道该如何将萨洛扬等尚未成名的作家塑造为风格独特的作家。他相信年轻作家的手稿中藏有灵性。但是他对年轻人有多感兴趣，对已经成名的文学就有多批判，对他自己的文学亦是如此。维托里尼的公正无私也许仍将是文学史的特例。这样一位文人，作为一位真正的创造者，他向来看淡个人名利，全身心为了文学和文化理念而战。因此，他生前有诸多未竟之作，也有许多未曾出版的作品，不是因为他不相信作品的内在价值，而是因为他知道他必须证明的真理是另一回事。就在几年前，他中断了一部以西西里为背景的鸿篇巨制的写作。这部小说描述的是农业与农民世界的图景，已经与他如今想要创作的话题格格不入。随后他将十五年前出版的小说《墨西拿的妇女》改写了一半。他在战后提出的自发社会主义模式的构想，现在对他而言是一种反历史的乌托邦。

维托里尼一生中经历过许多忍无可忍而爆发的时刻，但他总是朝着一个恒定的方向前进：保持与高科技工业化的大都市文明的黏合度，将未来世界视为人类的总体城市和新自然界；对传统文人的批判日益强烈，因为他们总是抱残守缺，对过去的农业历史念念不忘。这也完全符合他做出重要选择时的本能：同众多西西里人一样带着极大的热情成为米兰人。维托里尼知道，一味地沉浸在过去，将会蒙蔽我们的双眼，无法从我们为之生活和改变的唯一环境中发现新的美好事物。我们不知道他随后打算开始写哪本书，我们亦无法从他最近的手不释卷中得出一星半点的想法，究竟是技术史、语音、史前史，还是集合数学理论方面的书籍。

所有人类活动都受到文学最大程度的影响，这是维托里尼终生坚守的文学信念。他的出现足以让这一信念成为可能，成为现实，即使几个月前，我们得知他再也无法痊愈，也不会影响这一事实。维托里尼的离世给我们留下了无法弥补的空白。（1966a）

异乡人在都灵

都灵具备吸引我的某些优点，这些优点与我的乡亲的优点以及我的偏好相差无几：不做虚无缥缈的罗曼蒂克，全心投入自己的工作，天性害羞，积极参与广阔世界，不会闭关自守，略带嘲讽的生活情趣，通透且理性的智慧。因此，吸引我的是都灵的道德形象和公民形象，而非文学形象。这就是三十年前那个城市的魅力。另一位原籍撒丁岛的“后天”都灵人葛兰西认出并激发出这一魅力，而土生土长的都灵人戈贝蒂在他的作品中对这一魅力做出了定义，至今依然激奋人心。战后初期就形成以工人阶级为领导的那个都灵，反法西斯知识分子宁死不屈的那个都灵。那个都灵还在吗？在当今意大利的现实中还能听到它的呼喊吗？我相信它的魅力犹如灰烬下的残火，虽不明显，但依然可以持续燃烧。我的文学都灵与一个人是分不开的，曾经几年我有幸如此接近他，但我又不幸地过早失去了他：如今关于他的文章数不胜数，却描画得不伦不类，几乎无法从中认出他来。的确，只凭他的作品难以勾勒出他的完整形象，因为重要的是他的工作风范，我们要看的是，一位作家的修养加上诗人的敏锐如何转化为富有成效的作品，转化为供他人利用的价值，转化为思想理念的组织与传播，转化为所有科学技术和现代文化文明相结合的教育与实践。

在都灵的科托伦戈福利院里，修女们正在等待投票。卡尔维诺的小说《观察者》便是以此为背景。

我说的这个人就是切萨雷·帕韦塞。可以说，对我以及对其他认识他、与他往来密切的人而言，都灵教给我们的与帕韦塞教给我们的相差无几。我的都灵生活满是他的烙印；他是我每一部作品的第一位读者；是他引领我进入出版行业，而都灵得益于出版业，至今具有举足轻重的文化地位；也是他带我漫步于街道、山峦，欣赏他的城市，领略那细致之美。

按理说到此要换个话题，谈谈像我这样的异乡人如何融入这片景致，我这水中鱼丛林鸟迁徙到这座拱廊之城之后，呼吸着阿尔卑斯山麓的雾气与凛冽寒风，我过得究竟如何。那可说来话长。还有必要找出一个神秘的图案变幻规则，将这些笔直道路组成的几何体与我家乡那些干砌石墙组成的几何体联系起来。还要寻出都灵的文明与大自然之间的特殊关

在科托伦戈举行的一次宗教仪式。

系，比如沿街枝头上那一抹新绿，波河上的水光潋滟，丘陵间的亲切相依，这些足以让人重新敞开心扉面对那难以忘却的风景，重新投入广阔自然世界的怀抱，简而言之，重新感悟生活的滋味。（1953a）

我有很多东西都是都灵赋予的。都灵是人们工作最努力的意大利城市，在这里人们很少浪费能源，也很少浪费精力。但是当然如今，人们不再期望都灵会有新事物出现。因为一个环境的创造激情是由它其中涌动的各种力量冲突驱动的，而都灵，一个独一无二的巨大工业王国，如今似乎已经吸收了稳固有序的状态下的所有焦虑和创造性冲动。直到几年前这里还有强大的工人运动存在，还在赋予都灵来自战场的戏剧张力。现在似乎可以肯定，即使是在那个领域，那些决定性事件将只能在别处发生。但事实是，现在看重来自市政角落里的文化和政治事件是荒谬的。

按照充分且公正的方式来看，卡洛·莱维算是都灵人，他从都灵特有的历史道德能力、协调能力和善于接受的能力出发，把最遥远的现实合并起来并变为其特性。

按照充分且公正的方式来看，埃伊纳乌迪出版社算是都灵的代表，它牢牢扎根于以都灵为中心的理想传统，它的活力向来受到意大利和国际的多重现实的影响。（1959a）

我的那一代人是美好的一代，虽然没有做完可以做到的一切。当然，对于我们来说，很多年来政治至关重要，甚至有着夸张的重要性，然而生活是由很多方面组成的。但是这种公民的激情构成了我们的文化背景

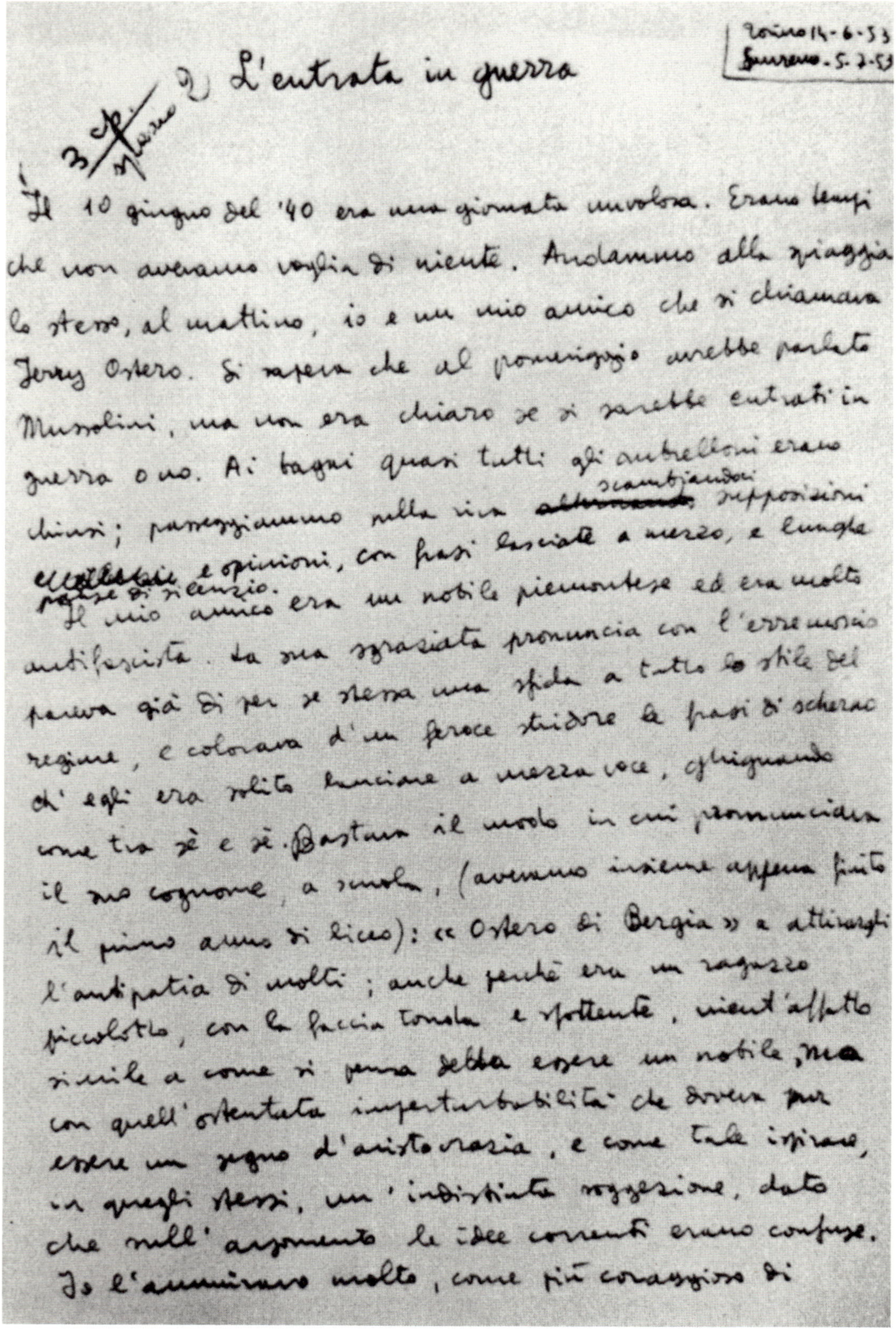
Torino 14-6-53
Sanremo 5-7-53

L'entrata in guerra

Il 10 giugno del '40 era una giornata nuvolosa. Erano tempi che non avevamo voglia di niente. Andammo alla spiaggia lo stesso, al mattino, io e un mio amico che si chiamava Jerry Ostero. Si sapeva che al pomeriggio avrebbe parlato Mussolini, ma non era chiaro se si sarebbe entrati in guerra o no. Ai bagni quasi tutti gli ombrelloni erano chiusi; passeggiammo sulla riva ~~alternandoci~~ scambiandoci supposizioni e opinioni, con frasi lasciate a mezzo, e lunghe ~~[illegible]~~ pause di silenzio.

Il mio amico era un nobile piemontese ed era molto antifascista. La sua sgraziata pronuncia con l'erre moscia pareva già di per sé stessa una sfida a tutto lo stile del regime, e colorava d'un feroce stridore le frasi di scherno ch'egli era solito lanciare a mezza voce, ghignando come tra sé e sé. Bastava il modo in cui pronunciava il suo cognome, a scuola, (avevamo insieme appena finito il primo anno di liceo): «Ostero di Bergia» a attirargli l'antipatia di molti; anche perché era un ragazzo piccoletto, con la faccia tonda e spottente, niente affatto simile a come si pensa debba essere un nobile, ma con quell'ostentata imperturbabilità che doveva pur essere un segno d'aristocrazia, e come tale ispirava, in quegli stessi, un'indistinta soggezione, dato che sull'argomento le idee correnti erano confuse. Io l'ammiravo molto, come più coraggioso di

《进入战争》手稿的首页，该作品于 1954 年在“筹码”丛书中发表。

1957年，卡尔维诺与卡洛·莱维、卡洛·博（背影）在阿尔巴举行的帕韦塞文学奖现场。

1958年9月，阿道司·赫胥黎在朱利奥·埃伊纳乌迪、卡尔维诺、卢恰诺·福阿以及布鲁诺·丰齐的陪同下参观埃伊纳乌迪出版社。

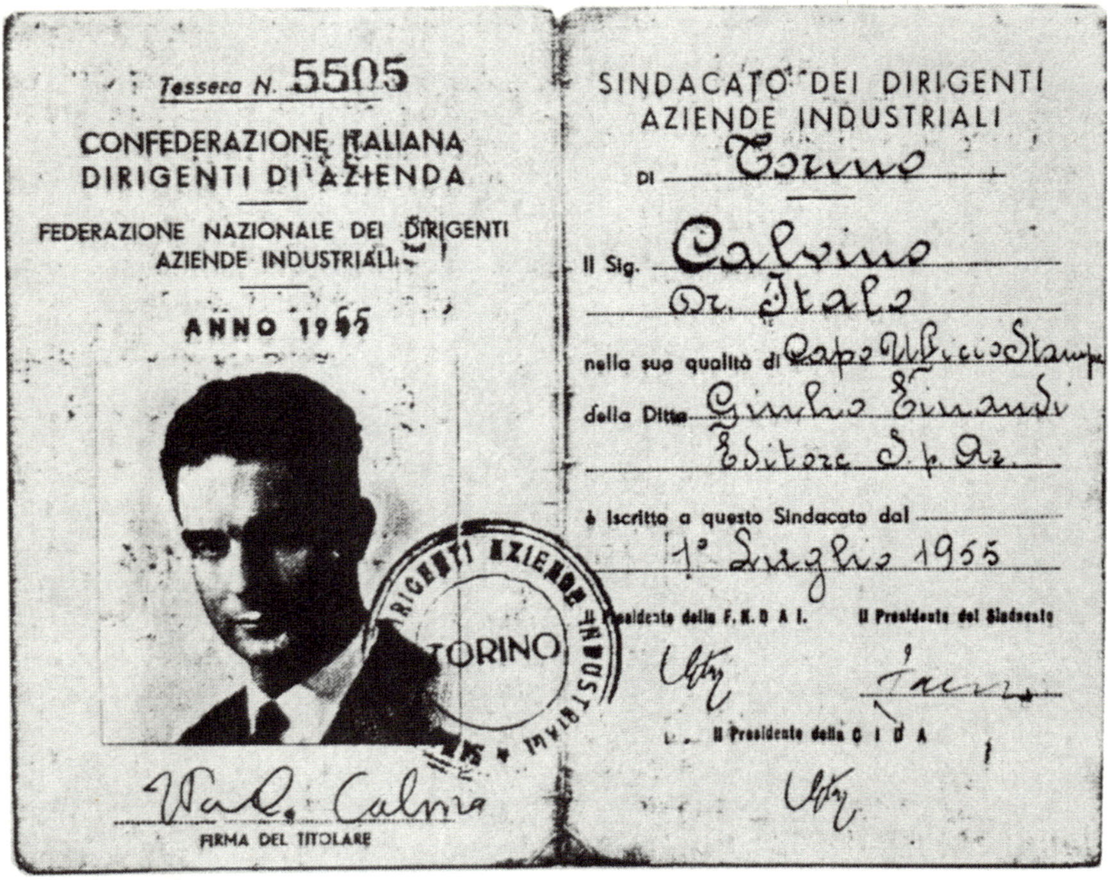

Tessera N. 5505

CONFEDERAZIONE ITALIANA
DIRIGENTI DI AZIENDA

FEDERAZIONE NAZIONALE DEI DIRIGENTI
AZIENDE INDUSTRIALI

ANNO 1955

TORINO

FIRMA DEL TITOLARE

SINDACATO DEI DIRIGENTI
AZIENDE INDUSTRIALI

DI Torino

Il Sig. Calvino
Dr. Italo

nella sua qualità di Capo Ufficio Stampa

della Ditta Giulio Einaudi
Editore S.p.A.

è iscritto a questo Sindacato dal
1° Luglio 1955

Il Presidente della F.N.D.A.I.

Il Presidente del Sindacato

Il Presidente della C.I.D.A

的骨架；如果我们对很多事物感兴趣，那就是出于这个原因。无论在欧洲，还是在美国，我环顾四周，看那些我们的同龄人和更年轻的人，我必须要说的是我们更棒。在意大利，近些年，在我们之后成长起来的年轻人中，那些非常优秀的年轻人知道的比我们更多，但是他们全都更理论化，他们的思想热情全部来自书本；而我们更热爱行动，这并不意味着更肤浅，而是恰恰相反。（1959a）

1991 年，朱利奥·博拉蒂在杂志《米格》上发表的一篇文章为卡尔维诺的编辑工作提供了有力证明：

“在证件照中，百分之九十的情况下，拍照人会瞪大眼睛，面部肿胀变形，扯出一个生硬的微笑。至少他自己就是这样，现在，查验身份证件时，他发现照片中的人面部紧绷并且摆出一副极不自然的表情，他意识到，自己在面对能将人变成物的镜头面前极其不自在，与自己缺乏距离感，表现出神经症，以及在面对生者的照片中显示死亡征兆时，他表现出不耐烦。”（1963a）

我对卡尔维诺的初印象可以追溯到1949年7月。在都灵的卡洛·费利切广场的拱廊和绿植之间，塔尔莫内咖啡馆的一张桌子周围坐着埃伊纳乌迪、帕韦塞、巴尔博、娜塔莉亚·金兹伯格、保罗·博林吉耶里、乌巴尔多·斯卡塞拉提、阿道夫·奥凯托（阿基莱·奥凯托的父亲，商业部门的负责人）、莫利纳（技术员）和卡尔维诺。卡尔维诺蜷缩在藤椅里，他坐得稍远，右手食指呈钩状放在鼻子上，遮住了半张脸。我很快得知，在咖啡馆或乡村酒馆举行的所有编辑会议卡尔维诺都会参加，他总是坐得较远，既不喝酒也不抽烟，很少吃东西，专注地倾听。自1945年开始，他一直与埃伊纳乌迪出版社保持联系，并与维托里尼的《综合科技》合作，1947年发表了《通向蜘蛛巢的小径》。他最初是《团结报》的记者，后来很快离职，成为出版社编辑。跟我刚刚换的工作一样，他负责新闻办公室工作。1950年帕韦塞去世，随后巴尔博（与斯卡塞拉提一起）辞职。对于出版社而言，这是一个艰难的转折点，因而埃伊纳乌迪出版社团队大洗牌。除了卡尔维诺之外，博林吉耶里、博拉蒂，随后很快庞奇洛里、索米、福阿这些新成员加入埃伊纳乌迪团队。留任的有娜塔莉亚·金兹伯格，一些技术人员，罗马办公室留任的有焦利蒂、穆谢塔和一些顾问，米兰办公室有维托里尼（还有福尔蒂尼），比萨办公室有坎蒂莫里，另外还有都灵人博比奥、米拉、文图里。切萨雷·卡斯也是此时作为新成员被埃伊纳乌迪纳入麾下。

至此，埃伊纳乌迪出版社迎来了一个新阶段，这一阶段恰好与文化出版业的艰难博弈时期重合。在意大利，之前有4月18日选举事件，而在世界范围内，冷战的气氛愈演愈烈，两大阵营陷入僵持状态。在这两大形势之间只留下一块极小极不舒适的中间地带，在此可以对双方观点

自1963年起的二十多年里，每年7月，埃伊纳乌迪出版社都会在瓦莱达奥斯塔大区的雷梅斯山谷举行长达几天的团体会议。会议期间，出版社的编辑与主要撰稿人会对已经开展的工作进行总结，并做好新的工作计划。照片上从左至右分别是：尼科·奥伦戈、卡罗·卡雷纳、伊塔洛·卡尔维诺、朱利奥·埃伊纳乌迪、圭多·达维科·博尼诺。

进行讨论并使之具有现实意义（这也可能与实际相差甚远，甚至可能朝相反方向发展，产生诸如独裁独行或固步不前的可怕形象）。

他是一位十分优秀的领导。他领导新闻办公室时，发挥了极大的创造力，同时又不失审慎的官方威严；当然，他也负责文学编辑以及其他所有出版活动。这份职业，这些日常的技艺，诸如创作标题，编辑折页、封底和腰封的文字，撰写广告文案，对他而言没有任何秘密。此外，卡尔维诺对图像也独具慧眼，并且必要时他也是出色的封面设计师。其中一个例子便是：他选用斯坦伯格的画作做他的文集《文学机器》的封面，该文集收集了他自 1955 年至 1980 年间的文章。图中，巨大的球形石头从异常陡峭的斜坡飞速滚下，追赶着一个毫无戒备的狂热骑士，而骑士又追赶着一只目空一切的鳄鱼。这幅画似乎专门为该书而作，当我们在该书第 194 页读到那篇关于斯坦伯格的文章《以第一人称叙述的笔》时，我们就会明白这两者如此亲和的原因了。这个题目可能暗示着这位画家的另一幅著名画作：其中一只手握着画笔，画出了一只正在画自己握画

左图：二十世纪六十年代初朱利奥·博拉蒂在雷梅斯－圣母小镇。

右图：1955 年，卡尔维诺与朱利奥·埃伊纳乌迪在巴勒莫新闻俱乐部。

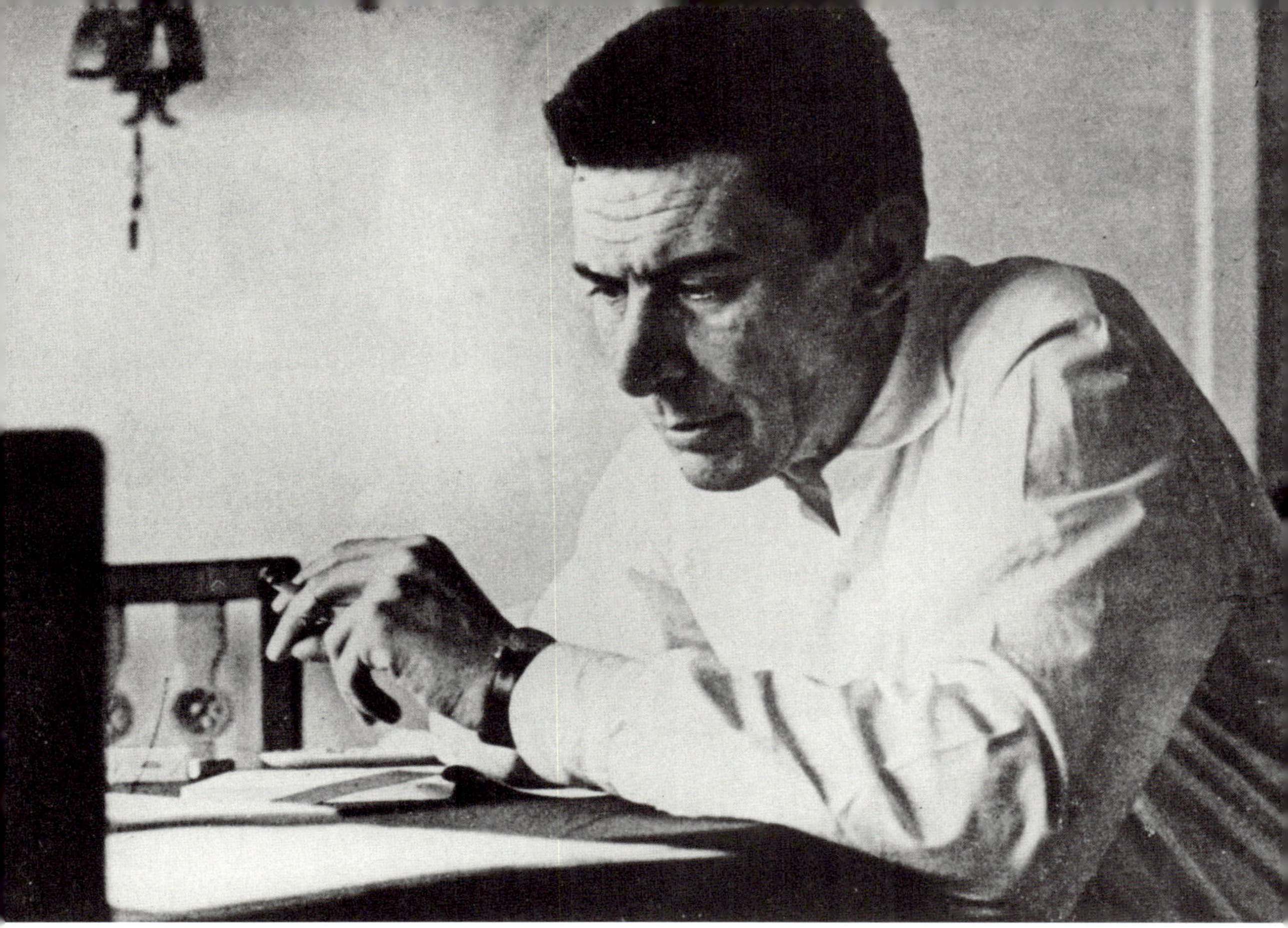

“对我们而言，贝佩·费诺利奥也许是作家历史形象的最后化身，他将自己的作品打上了本世纪上半叶的后半期的文学故事的烙印，而如今他与世长辞，却不曾留下任何接班人：这位作家既表现了内心紧张的孤独认知，又表达了积极务实生活的外向神话。如同散兵队形中的佼佼者，他选择了风格作为其意志和风度的校验。风格，即个性与沟通，道德内容与形式的融合点。”（1968）

笔的这只手的手，而这只手又在画……这种想法反映了卡尔维诺新近作品中的技巧与执念。

作为出版人，卡尔维诺极力模仿他在康拉德的海洋世界中所欣赏的一切：“理性清晰，工作纪律，勇气与责任感。”他热衷于探寻边缘部分和奇异内容，从1947年秋天开始，他受命领导新闻办公室工作（实际聘用期仅到1950年1月1日，薪水才5万里拉），他写了将近五千封信，在1983年底，当时出版社的严重经济危机迫使他更换了出版商。

将他的通讯录按字母顺序排列，就会得到一部战后意大利文学简史，从安东涅利、巴尔迪尼、巴萨尼、贝内德蒂、贝尔托到拉拉·罗马诺、桑图齐、夏侠、托比诺、威尔科克。这之中不仅有叙事作家，还有著名

上图：二十世纪五十年代初，卡尔维诺参加在罗马举行的青年作家大会。右起第二是贝佩·费诺利奥。

下图：由埃伊纳乌迪出版社发行的文学杂志《梅那坡》的第一期封面。该杂志是由卡尔维诺与维托里尼于 1959 年至 1967 年共同创立并领导的。

“筹码”丛书行将完成，（维托里尼）感到有必要创办一份刊物，在这之中有更多的讨论空间，同时还要有新作品的推介。他向埃伊纳乌迪建议，这将是一份介于杂志和丛书之间的刊物……”（1973b）

翻译家，比如翻译了诸多莎士比亚作品的切萨雷·维科·卢多维奇，还有像保罗·格拉西和杰拉尔多·圭列里这样的戏剧家，像卡雷蒂和潘帕洛尼这样的批评家，像科奇亚拉和德·马尔蒂诺这样的民族学家，像罗伯特·巴塔利亚这样的历史学家。

卡尔维诺的书信风格与帕韦塞那生硬而辛辣的书信风格截然不同。帕韦塞脾气粗暴，处理编辑事务时，习惯于快刀斩乱麻，书信往往只有几行不容辩驳的话。卡尔维诺则如同官员一般审慎和谦卑，他会运用团队方式，总说“我们”，如果回信人偏离方向了，他也不急于拒绝，而是会采用委婉迂回的方式，先泛泛而谈，最终达到要谈的那个细节问题。

他与亲近之人交流时通常言简意赅，而对不熟悉以及不相识的人他甚至能够敞开心扉，侃侃而谈，耐心程度与亲疏程度成反比。卡尔维诺对有抱负的作家同样极具耐心，对他们倾囊相授：文学必须避免任何通俗化和说教式的态度；它的政治影响力不大，也可能根本没有，至多起到提高一般认识水平的作用；好心情创作不出任何作品；科学态度与诗意相结合……

对尚不知名的同龄人以及年轻一代，他的友谊则带着保护欲。他将维托里尼的不理解置于一旁，出版了费诺利奥的《毁灭》，在书的折页中也没有掩饰他的困惑。（我们知道，他在给里马内利的信中写道：“维托里尼的评论一向难以预料且令人狼狈不堪。”）在卢乔·马斯特罗纳迪麻烦缠身时，卡尔维诺给他提供建议与帮助。

卡尔维诺与人展开激烈争辩的次数寥寥无几，其中包括与《福斯托与安娜》的作者卡罗·卡索拉就抵抗运动的表现方式展开激烈论争。有时，有些信件开头会迅速做出评判，例如 1951 年给潘帕洛尼的信：“帕

1950 年或 1951 年，卡尔维诺与巴勃罗·聂鲁达在都灵。左起第一是塞尔吉奥·加拉维尼。

韦塞想用他的日记向我们证明人类生命无法逃脱的古老悲剧。”信中也不乏人生格言：“一个人必须尽可能少地进行大的改变。”（1953 年写给穆奇的信）“重新开始，改变？我这辈子就没做过其他事！”（1959 年写给阿尔皮诺的信）

政治倾向的问题和困境依旧占据了卡尔维诺的大部分时间：从 1948 年到 1951 年，主要从事政治新闻和文化新闻的活动，包括对政治和工会事件的报道，以及对意识形态问题的“官方”报道，而罕有对作家及文艺思想的报道。由于冷战和反法西斯统一阵线的破裂，卡尔维诺不愿在党报上发表文章，因为这些文章会引起矛盾和非常棘手的问题。但是，像他这样的理性且多面的作家，依旧被二十世纪危机的迷人阴影所吸引。早在 1948 年他就曾写道："对我们社会的腐朽之处的认识已经深入骨髓，但此认识就此停滞不前，对这些腐朽之处的不断研究让我们以一种或隐秘或公开的情感与腐朽联系在一起。""对于现代作家来说，那个笨重无比的角色就是我"，现在该怎么办？如何才能"直接从自然和历史中诞生出诗歌，就好似作者不存在一般"？卡尔维诺从不咄咄逼人，对任何说明性、教育性、启发性的实在论调都表示出明确的保留态度。他一直怀有一个梦想，但他又不过分相信这个梦想，他梦想有一个合理的规划能够为世人提供理想之地。因为他感觉故事有些虚假，就放弃了出版《波河两岸的青年》，这是一部具有现实主义社会性的长篇小说，讲述的是一个利古里亚青年来到都灵后，在政治上成熟起来的故事。卡尔维诺参加了在布拉格和布达佩斯举行的青年节，还在 1951 年 10 月至 11 月间前往苏联（"从高加索到列宁格勒"）旅行，并且将旅行报告发表在《团

卡尔维诺在苏联旅行时参观一家糖果厂。

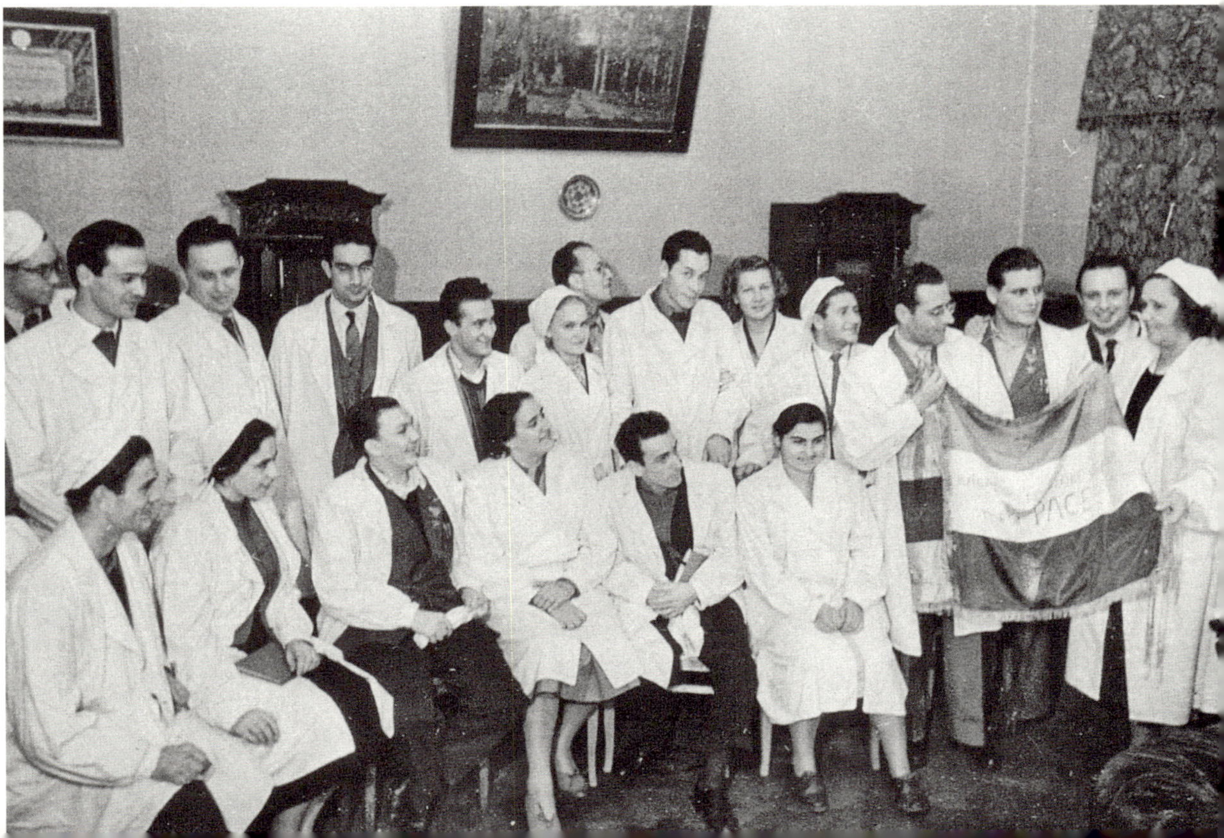

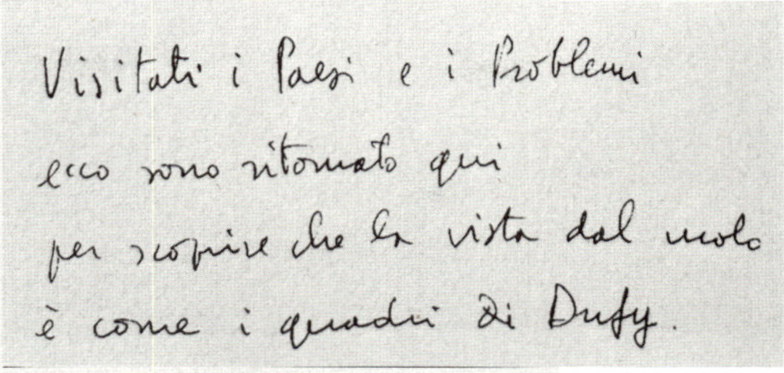

Visitati i Paesi e i Problemi
ecco sono ritornato qui
per scoprire che la vista dal molo
è come i quadri di Dufy.

卡尔维诺在东欧国家旅行时写下的一段评论。

（游过千山万水
见过种种问题
我再次回到这里
从空中鸟瞰
它就像一幅劳尔·杜飞的画。）

苏联之旅中，卡尔维诺在列宁格勒。

卡尔维诺苏联之行的另一张照片。

左页上左：1956 年，卡尔维诺与玛丽亚·路易莎·斯帕齐亚尼。

左页上右：1957 年，卡尔维诺与玛丽亚·路易莎·斯帕齐亚尼在维亚雷焦文学奖颁奖礼上。

左页下：1958 年，卡尔维诺与母亲在一起。

结报》上，文章中他尽力回避困扰他的种种矛盾，而集中描写了日常生活细节。

二十世纪五十年代中期，在朱利奥·埃伊纳乌迪的建议下，卡尔维诺全心投入到出版事业中。正如他在 1954 年初写给人类学家朱塞佩·科基亚拉的信中所言，在整个世界寓言的有机规划设计中，这意味着要在意大利创作一部《格林童话》："存在收集素材的问题，有些地区已有出版发行的素材，而有些地区则几乎不存在素材。还有方言的问题。将不同收集者的资料组合到一起，使之成为一本写作风格与技巧统一的书，也是一个问题。[……] 埃伊纳乌迪的意见是，出版社将利用专家提供的材料并听取专家的建议，自行承担对本书的编辑责任，将其统一为一体。总之，在语文学工作的基础上，按照诗意的标准来编撰。他甚至建议我承担这项'将资料统一成册'的工作，我真可怜！也就是说，我要在不同版本的故事间进行筛选，对需要翻译的地方进行翻译，对已经用意大利语编写的内容进行重新编写。"这是对卡尔维诺在接下来的几年中开展的繁重工作的投射性描述，但已经非常精准了：这项工作并不是因忠实民族传统或怀念童年阅读而促成的，而是由"对风格和结构的兴趣驱动的，也就是讲故事时采用的情节设计、节奏和基本逻辑驱动的"。正如马里奥·拉瓦杰托所写，很快，在卡尔维诺的眼中，童话的世界体现为"一部伟大的叙事性百科全书，并且带有在堂吉诃德、哈姆雷特、罗宾逊、法布里佐·德尔·东戈的作品中可以找到的原始功能，只是这一功能或多或少地改变了"。

卡尔维诺本人后来曾回忆，所有版本的故事都让他着迷，因为每个童话故事都可以变成另一个故事，从而变成千百个故事，在这之中，我们可以发现不同衣着装扮下的相同人物形象。因此，在卡尔维诺看来，

《树上的男爵》初版（1957 年）封面。
该封面采用了彼得 · 勃鲁盖尔的《农民与窃巢者》的局部图。

卡尔维诺绘制的“树上的男爵”，刊登在 1957 年 6 月的《埃伊纳乌迪简报》上。

“我们的父亲在窗台上探出身来对他喊道：‘你在那儿待够了就会改变主意的！’

“‘我不会改主意的。’我哥哥站在树杈上说。

“‘等你下来有你好看的！’

“‘我永远都不会下来的！’他说到做到。”(1957)

童话故事是对文学作品本身的隐喻，是他可以尽情支配的一副最令人着迷的纸牌。

1957 年，我发表了《树上的男爵》，紧接着（或者就在这之前，我记不清了）出版了《意大利童话》，这是出版社交给我的一项重要工作。1958 年，我出版了《短篇小说集》，收录了到那时为止我创作的所有短篇小说；总之，现在我可以发表一些短篇小说，并将它们简单地命名为《短篇集》。

从那时起，我就可以自认为是“专业”作家了吗？从我写的第一本书到那时已有十年，我想说这十年时间是必不可少的，我要继续定期出版作品，以便看看自己是否能以作家的身份存在。总之，现在不会再问“我会不会成为作家”这样的问题，因为其他人认为我是作家。还有作者版权，即使仍然不足以维持生计，但在我那微薄的预算中，它已然成为一项重要的收入。因此，大致在我年届不惑时，我辞掉了出版社的全职工作，而作为顾问与其继续保持合作。（1984）

因此，在二十世纪五十年代末，卡尔维诺尝试着对自己的写作进行总结：

战后意大利文学大爆炸，它在成为一种艺术行为之前，是一种生理的、存在的、集体的行为。我们经历了战争，我们年轻人——刚刚来得及赶上成为游击队员——未曾感到自己被制服、被打败、“被毁掉”，反而感到自己是胜利者，是某些东西的专有保管者。但乐观主义或欣喜之举难觅其踪，恰恰相反，我们感到我们是生活悲剧的保管者，这是普遍存在的一种苦恼，甚至是我们的绝望能力，但是我们强调高傲的快乐。很多东

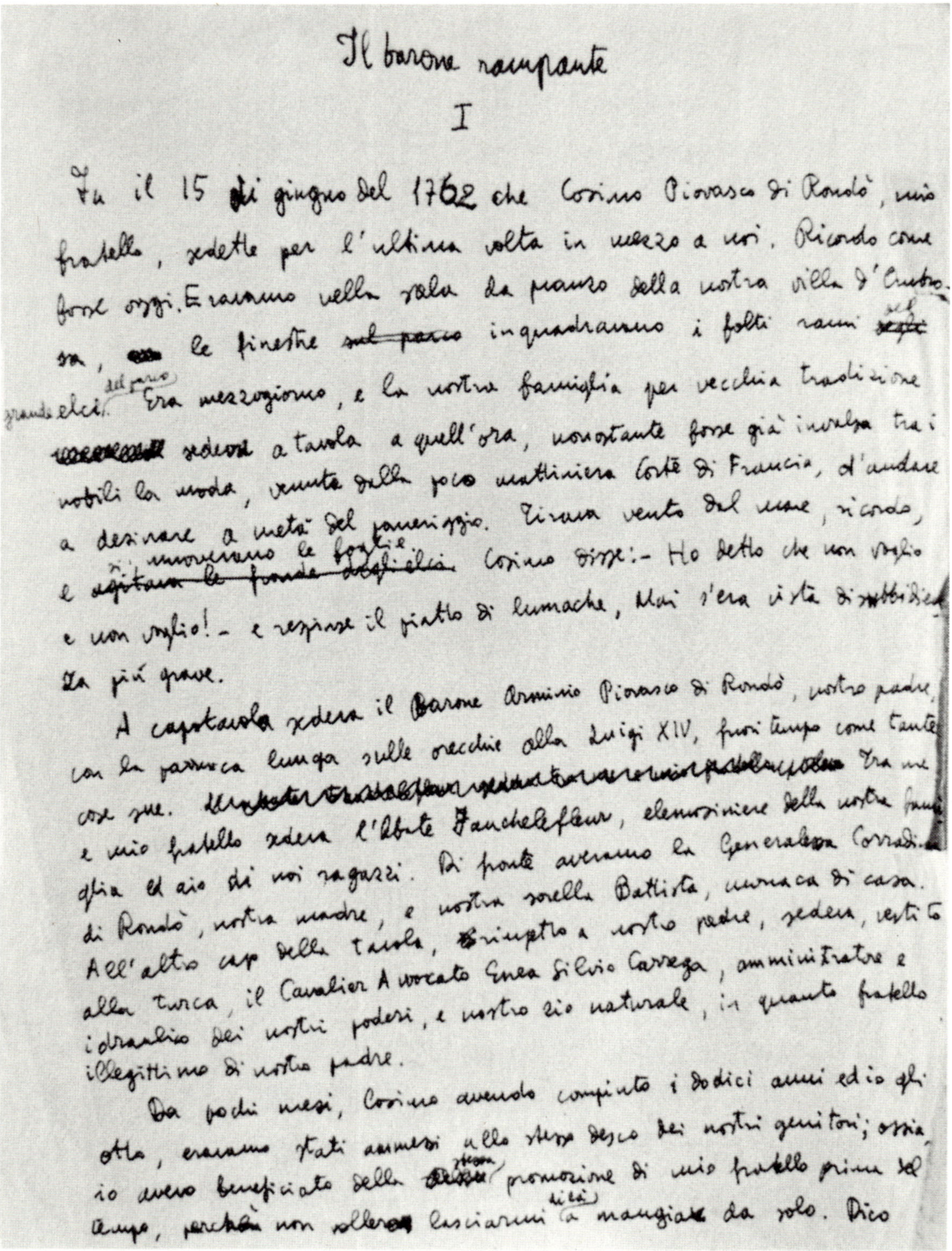
Il barone rampante

I

Fu il 15 di giugno del 1767 che Cosimo Piovasco di Rondò, mio fratello, sedette per l'ultima volta in mezzo a noi. Ricordo come fosse oggi. Eravamo nella sala da pranzo della nostra villa d'Ombrosa, le finestre inquadravano i folti rami del grande elce. Era mezzogiorno, e la nostra famiglia per vecchia tradizione sedeva a tavola a quell'ora, nonostante fosse già invalsa tra i nobili la moda, venuta dalla poco mattiniera Corte di Francia, d'andare a desinare a metà del pomeriggio. Tirava vento dal mare, ricordo, e si muovevano le foglie. Cosimo disse: - Ho detto che non voglio e non voglio! - e respinse il piatto di lumache. Mai s'era vista disubbidienza più grave.

A capotavola sedeva il Barone Arminio Piovasco di Rondò, nostro padre, con la parrucca lunga sulle orecchie alla Luigi XIV, fuori tempo come tante cose sue. Tra me e mio fratello sedeva l'Abate Fauchelafleur, elemosiniere della nostra famiglia ed aio di noi ragazzi. Di fronte avevamo la Generalessa Corradina di Rondò, nostra madre, e nostra sorella Battista, monaca di casa. All'altro capo della tavola, dirimpetto a nostro padre, sedeva, vestito alla turca, il Cavalier Avvocato Enea Silvio Carrega, amministratore e idraulico dei nostri poderi, e nostro zio naturale, in quanto fratello illegittimo di nostro padre.

Da pochi mesi, Cosimo avendo compiuto i dodici anni ed io gli otto, eravamo stati ammessi allo stesso desco dei nostri genitori; ossia io avevo beneficiato della stessa promozione di mio fratello prima del tempo, perchè non vollero lasciarmi di là a mangiare da solo. Dico

《树上的男爵》首页手稿。

西由此而生，我的前期短篇小说和我的第一部长篇小说的笔调也源于此。

历史现实传递给我们的张力变得疲软，很快消失殆尽。很长时间以来我们都在死水中泛舟。在前期的小说中，我们可以尝试着维护对历史现实的忠诚，瘫软在其中，或者维护对那种笔调、那种职责、那种能量的忠诚。而在幻想小说中，我力图使其保持鲜活的恰恰是笔调、能量、精神——也就是我所认为的最重要的东西。（1959a）

我也是从抵抗运动的文学中起步的作家之一。我不愿意放弃的是抵抗运动文学作品中史诗般的冒险，不愿意放弃身体与精神的双重能量。因为当代生活的图景无法满足我的这种需求，所以我自然而然地将写作转向了超越我们的时代，也超越社会现实的奇幻冒险风格中。一生都待在树上的一个十八世纪的男爵，一个被炮弹炸成两半依旧存活的战士，一个实际不存在，只有一副空盔甲的中世纪骑士。从我的整篇讲话中，想必你们已经明白，我喜欢行动甚于静止，意愿甚于顺从，例外甚于惯例。

我也写过而且也还在写现实主义小说。我的前期短篇小说和第一部长篇小说都是关于游击战争的：那是一个充满冒险的色彩斑斓的世界，是悲喜交加的世界。之后，我周围的现实再也没有为我提供我喜欢表达且充满能量的图景。我从来没有停止创作现实主义的故事，但是我尽力赋予它们更多的运动，并且通过讽刺与悖论使它们变形，然而我总觉得这些故事有点儿过于悲伤。所以，我觉得我需要在我的叙事作品中交替使用现实故事和奇幻故事。

我也研究过民间童话，并且出版了一本涵盖意大利所有地区童话的作品集。我对童话故事的线性叙事和节奏感很感兴趣；我感兴趣的还有

1959年，福门托尔文学奖颁奖之际，卡尔维诺在马略卡岛。卡尔维诺在照片背面写着：“1959年，福门托尔（马略卡岛），关于小说的对话。长篇小说已死：他们在它的墓前祈祷。从右至左为：（我觉得是）J. 洛佩斯·帕切科、路易斯·戈伊蒂索洛、（？）、卡尔维诺、阿兰·罗伯－格里耶、胡安·戈伊蒂索洛、（？）。

左页：1959年，卡尔维诺因《短篇小说集》获得巴古塔奖。

1963年，朱利奥·埃伊纳乌迪、圭多·达维科·博尼诺、埃利奥·维托里尼、卡尔维诺和卡洛·莱维在科孚岛。此时福门托尔文学奖颁奖典礼已迁至科孚岛举行。

皮埃尔·保罗·帕索里尼。1959 年 6 月 8 日，卡尔维诺在给西塔提的信中写道：“帕索里尼的书（《暴力人生》）是本好书。非常棒。它绝对是意大利战后最优秀的作品之一，也是近年来最优秀的作品之一。”

它高度凝练的手法，通过这一手法，对事实、要克服的考验和决定性时刻进行叙述，呈现出生命的意义。因此，我对童话故事与最古老的小说形式之间的关系产生了兴趣，诸如中世纪的骑士小说，以及文艺复兴时期的伟大诗篇。

纵观意大利的传统诗歌，让我最有亲近感，同时又具有一种难以言明的魅力的是卢多维科·阿里奥斯托，他的作品让我百读不厌。这位诗人的风格如此清晰又令人愉悦，作品中没有难解的问题，却又如此神秘，如此善于隐藏自己。这位十六世纪的意大利怀疑论者，他从文艺复兴的文化中汲取了一种没有幻想的现实感，当马基雅维利在同样基于对人类不抱幻想的观念基础上，提出了严苛的政治科学构想，他却固执地构思了一个童话。[……]

从一开始，我将那些满怀激情与理智、积极投身历史的小说家（诸如司汤达、海明威、马尔罗）当作我的老师时，不知不觉中我就发现自己对他们的态度与阿里奥斯托对创作骑士诗歌的诗人的态度一致(当然，我说的不是艺术价值，而是历史态度与心理态度)：阿里奥斯托仅仅通过讽刺与想象力的变形来看待一切，他既不轻视骑士精神的基本美德，也不贬低那些赋予事件活力的人生观，即使在他看来，这些美德与事件只能转化为色彩斑斓的如同舞蹈般的游戏。虽然，阿里奥斯托与一个世纪后的塞万提斯的那种悲剧深度相距甚远，但是，在他不懈追求的轻盈与优雅的文字中依旧流露出浓浓的悲伤。阿里奥斯托非常擅长创作八行体诗，并且最后两行诗总会形成讽刺的对照，因此他有时对这项疯狂的工作表现出着魔似的执念。阿里奥斯托对生活充满热爱，如此现实主义，如此人性化。[……]

我对阿里奥斯托的热爱是一种逃避吗？不是，他让我们懂得，智慧

卡尔维诺在纽约。

如何存在于幻想、讽刺与雅致的形式之中；他还让我们懂得，这些天赋如何不以自身为目的，如何能够成为世界概念的一部分，如何能够更好地有助于评价人类的美德与缺点。在电脑与太空飞行的时代，他的这些教诲非常现实，也非常必要。我可以肯定，这是一种面向未来而不是过去的能量，它曾经推动奥兰多、安杰莉卡、鲁杰罗、布拉达曼特、阿斯托尔福等无数人不断前进。（1959b）

1959年也是埃伊纳乌迪出版社出版的文学杂志《梅那坡》创办之年。卡尔维诺后来回忆道："当时维托里尼在米兰的蒙达多利出版社工作，而我在都灵的埃伊纳乌迪出版社工作。由于在'筹码'丛书的整个发行期间，都是我代表都灵的编辑部与他保持联系，因此维托里尼希望我的

1959年11月，获得福特基金会资助的作家在开往纽约的远洋客轮上共进晚餐。与卡尔维诺(右起第一)一起的是克劳德·奥利耶、费尔南多·阿拉巴尔、雨果·克劳斯。

卡尔维诺在纽约布朗克斯维尔的莎拉·劳伦斯学院教授意大利文学。

名字能够和他的一起，作为《梅那坡》的共同主编出现在杂志上。实际上，这本杂志是由他构思并创办的，由他决定每期的版面，并与受邀合作的朋友一起进行讨论，大部分文章也是由他筛选的。”（1973b）

1959年11月初，卡尔维诺受福特基金会的资助前往美国。除他之外，受到资助的还有其他年轻的欧洲作家，其中包括法国的克劳德·奥利耶、英国的阿尔弗雷德·汤姆林森、西班牙的费尔南多·阿拉巴尔，以及比利时的雨果·克劳斯。德国的君特·格拉斯未能成行，因为“美国的野蛮法律要求入境者必须拥有健康的肺，而他没能通过体检”。卡尔维诺

卡尔维诺坐在埃伊纳乌迪
出版社的办公桌前。

1959年9月23日，在第二十二届国际当代音乐节之际，卡尔维诺和剧团在威尼斯的凤凰剧院上演了卢恰诺·贝里奥（前排左起第一）配乐的滑稽剧《来吧，跳》。在贝里奥右边的是女中音歌唱家凯西·贝伯里安，她演唱了卡尔维诺作词的两首歌曲《我望着窗外的城》和《高速路漫长而单调》。第二排左起第一是画家博纳·德皮西斯。

《我们的祖先》的护封，插图为毕加索的绘画作品。三部曲收录了《分成两半的子爵》、《不存在的骑士》和《树上的男爵》，于1960年在“超级珊瑚”丛书中出版。

“我认为这三部曲可能是对当代人的谱系的定义。这就是我将这三本书合而为一重新出版的原因：引导读者们在参观肖像画廊的过程中，能够认出其中某人具有他们的轮廓、他们的习惯或他们的执念。”（1980c）

在给埃伊纳乌迪出版社的朋友们的一系列信件中（所有信件都寄给总编辑达尼埃莱·庞奇洛里，再由他转交）有条不紊地讲述了他的美国印象。旅行见闻、访问美国出版社的及时报道、与作家们的会面描述相互交织。正是由于他作为“侦察员”的这份工作，埃伊纳乌迪出版社开始翻译塞林格、贝娄、马拉默德、斯泰伦、普迪和戈因等作家的作品。

“抵达纽约的兴奋，地球上所能见到的最壮观的景象”将跨大西洋航行的枯燥乏味一扫而光。卡尔维诺在纽约停留了大约四个月，之后他继续前往芝加哥、旧金山、洛杉矶、拉斯维加斯等城市。在南部，他恰巧碰上马丁·路德·金领导的一次非暴力与反种族隔离示威游行，他这样描述马丁·路德·金：“他极为可靠，并且十分机智。”即便他后来说美国最美丽的城市是他偶然间发现的萨凡纳，但他对纽约的热情丝毫

在埃伊纳乌迪出版社组织的一次研讨会期间，卡尔维诺与历史学家德利奥·坎蒂莫里（左）和法语语言文学专家圭多·内利（中间）一起散步。背景中的雷梅斯－圣母酒店位于奥斯塔山谷。

不减。“这是我唯一能够假装定居的地方。”他惊叹于计算机用三分钟时间读完了《飘》，他去中央公园骑马，他还发现，具有反抗气质的披头族都是拥有正常生活的优秀资产阶级分子，他们不定期乔装以便外出；但是他也发现了大都市的衰退，随处可见流浪汉、酗酒者、“自我毁灭的黑暗宗教”。也许，美国的真正景观是平坦而荒凉的洛杉矶，是“由上千个郊区组成的城市”，而它本身也是世界的郊区。

比起其他任何地方，纽约是最能让我有家的感觉的城市。甚至有一次，我还模仿司汤达，我写下了我想在我的墓碑上刻上“纽约客”。这是 1960 年的事。这种想法一直没有改变，尽管从那之后我大部分时间一直住在巴黎，即使离开也是短暂的，如果可以选择，我会老死于此。但是我每次去纽约，我都会觉得它更加漂亮了，更加接近理想城市的样子了。可能也是因为它是一个几何的、水晶般的、没有历史的厚重感、没有深度、表面看起来没有秘密的城市，所以它不会让人心生畏惧，我可以幻想我能用思想主宰它，瞬间就能将它整个思考透彻。（1985a）

旅行归来，他对卡洛·博说：

出发去美国时，也包括在旅行当中，我都发誓说我不会写关于美国的书（已经有太多这样的书了）。但是现在我改变想法了。游记是一种有用、朴素而又完整的文学创作方式。这类书非常实用。虽然——或者正是由于——这些国家在年复一年地变化，记录下当时的所见所闻会反映出变化的本质；并且除了对所到之处的描写，还可以记录下自己与现实的关系、认识的过程。

我不久前才明白：直到昨天，我还认为，旅行对我的工作性质只有间接的影响。这与我的老师帕韦塞的观点有关，他是旅行的死敌。他说，一首诗的诞生需要若干年的酝酿，甚至是一生，在这儿或在那儿待上数天或数周对这个缓慢而秘密的成熟过程有什么意义？当然，旅行是一种生活的体验，跟任何其他经验一样，它可以使我们的内在变得成熟和发生改变。我想，因为对生活有更多的感悟，所以旅行可以让写作更上一层楼。比如说，一个人参观印度之后回到家，我觉得，也许因为这次旅行经历，他入学第一天的回忆会写得更好。不管怎样，我一直都喜欢旅行，这与文学无关。因此我以这种方式完成了我最近的美国之旅：我知道，这并不是一次“文学朝圣”，也不是因为我想“汲取灵感”，而是因为我对美国真正的样子感兴趣。

但是在美国，我渴望去认识，去尽力拥有一个多方面的、复杂的、不同于我们的现实,这是我以前从未有过的,跟一个坠入爱河的人很相似。众所周知，恋人之间有很多时间在争吵；即使现在我回来了，我还时常感到惊奇，在我内心之中，我与美国在争吵；但不管怎样，我继续沉浸其中，我贪婪而谨慎地投入到我听到的或者我读到的关于那个国家的一切，并且假装只有我一个人明白。既然在这里我已经捕获了——就像卡洛你前面所说的——“事物的声音”，所以我最好赶紧把它写出来。（1960b）

但是在1961年春天，卡尔维诺决定放弃出版一本已经进入校样阶段的作品（《一个乐观主义者在美国》），那是“我在那之前一年在美国逗留半年的旅行日记。我那时决定不出版这本书了。因为当时重读校样，我觉得此书作为文学作品过于平淡，而作为新闻报道则不够新颖。我写得很好了？好吧！那现在就出版吧，这本书就将作为记录那个时代的一份文献，也是我旅程的一个阶段”。（1985b）

对卡尔维诺而言，这次旅行也是一个契机，来验证自己在二十世纪四十年代形成的对美国作家的读者经验：

我的文学训练发端于四十年代，我首先是作为一名普通读者接触了美国叙事文学，这在那个年代的意大利，实在是眼界大开。因此，当我年轻时，美国文学非常重要，我自然而然地阅读了那时引进到意大利的所有美国小说。但是，起初，我是乡野之人，我住在圣雷莫，缺乏文学知识，因为我那时是农学专业的学生。后来我与帕韦塞和维托里尼成为朋友；可惜我没能认识平托尔，因为他在战争中丧生了。而我是一个新人，我在战后才开始周游各国。（1984b）

阅读
城市

前页：1962 年的卡尔维诺。

本页：卡尔维诺在巴黎。

二十世纪六十年代初，卡尔维诺的生活重心发生转移：他离开都灵，在罗马和巴黎之间来回奔波，不过都灵的出版社和圣雷莫的梅里迪纳别墅依旧是其不可分割的故地，他会定期探访。他在接受卡洛·博的采访时说，有一些利古里亚人从未离开故土，犹如礁石上的帽贝，而另一部分利古里亚人则“以世界为家，随遇而安”。卡尔维诺认为自己属于后者，并坦言他对故土的依恋并不亚于那些留守者。

1962 年 4 月，卡尔维诺在巴黎一位朋友的家中结识了埃丝特·朱迪思·辛格。她是俄裔阿根廷人，在联合国教科文组织和国际原子能机构等国际机构做翻译。1964 年 2 月 19 日，他们在哈瓦那完婚，这次旅行有点回归故土的意味。次年，一家人迁入位于罗马的蒙特布里安佐街的新住所，同年，他们的女儿乔万娜降生。卡尔维诺曾向汉斯·马格努斯·恩岑斯贝格尔坦言：“四十年来第一次做父亲，让人激动不已，而且最主要的是，这是一种意想不到的乐趣。”在 1980 年的一次采访中，他解释他是如何扮演父亲的角色：

在我看来，如今宽容的家长丝毫不比镇压式的家长好，首先他们并没有让他们的孩子幸福。我在教育方面没有任何先入为主的想法；我们

卡尔维诺的妻子埃丝特·辛格，这也是卡尔维诺最喜欢的一张照片。

1964 年，卡尔维诺夫妻在古巴哈瓦那水族馆。

“任何试图描述我对切·格瓦拉的敬仰，对他战斗与牺牲的钦佩之情的文字都是苍白无力的。我听见他放声大笑来回应我，笑声里充满了讥讽。我在这儿，坐在书房里，在欧洲虚假的和平与繁荣中，利用我平静工作中的短暂间歇，毫无风险地描写一个愿意承担所有风险的男人，他不愿意接受暂时和平的假象，他要求自己与他人具备最崇高的牺牲精神，他坚信今天若不做出牺牲，明天将会付出更大的牺牲。于我们而言，格瓦拉是召唤革命和未来世界的一切事物的绝对引力，他激烈批判我们自以为能心安理得的所有姿态。[……] 即使对于一位偶然且陌生的对话者（比如我 [……]），与他的会面也不可能无关紧要。”（1967）

可以看到，不管你对孩子做什么永远都是错的；但我想补充一点：不管你做什么纲领性的事情都会得到错误的结果。

作为父亲，我尽量顺其自然；我不会试图弱化无聊且专制的父亲形象，我做自然的我自己；如果我能表现出一个更好的形象，那更好。

只要家人在一起能够快乐，一个家庭就能运转。无须每天或每星期都这样，只要隔段时间能在一起十五分钟，甚至十分钟就足够了。一个人需要知道如何限制自己的期望，需要知道孩子来到世上是因为我们的自私，因为看到他们的成长能给我们带来快乐，我们希望他们健康快乐。无须每天都快乐，要不就成了动物，但要有快乐的潜在能力，生活顺利而不会事事惨败的潜在能力。然后，其他的，没什么了：没有什么教育方法；我没有什么可教的；我只是想教大家如何去反抗当前由环境强加的所有教育方法，这些方法都可以被定义为虚假且愚蠢。（1980a）

卡尔维诺与出版社的合作形式也发生了转变：他不再做出版社的高管，改做顾问，继续定期参加每周三的会议，并密切关注都灵各位友人的工作。但是在经历了十五年高强度的为他人的工作之后，他感到是时候停下来考虑自己的工作了，或者说，考虑在经济蓬勃发展的时代里作家要承担的任务。

1960 年，他在《梅那坡》第 2 期上发表了《物质世界的海洋》，1962 年又在该杂志上发表了《挑战迷宫》，这篇文章的标题似乎正式概括了卡尔维诺不断实验的原因：二十世纪人类徘徊于迷宫般的监狱之中，而卡尔维诺执着于给这一监狱下定义，因为失败总是在背后伏击探索者－制图师，探索者－制图师又清楚地意识到可能会失败，而只有对

1964 年 2 月，卡尔维诺与埃丝特·辛格在哈瓦那完婚。借此次古巴之行，卡尔维诺与切·格瓦拉进行了会面。

始终没有结论的认知活动进行挑战，才能证明这种失败的合理性。这种温顺而又坚决的斯多葛主义贯穿于《观察者》（1963 年）整部小说的始终，这部小说是对“意大利图景”系列的圆满收尾。这一系列还包括《阿根廷蚂蚁》、《房产投机》和《烟云》，正如卡尔维诺在 1959 年接受罗伯特·德·蒙蒂切利采访时所说，这些作品试图“用逼真的客观性描绘社会，并敏锐地捕捉在话语、心理和‘习俗’中的空洞的、拙劣的和错误的方面”。

同样，卡尔维诺发现了可怕的、畸形的、不可预见的、蒙塔莱笔下的“生活之恶”[1]，总之，人们美好的理想，理性的规划在于赋予历史可

1 《生活之恶》是意大利诗人蒙塔莱的著名诗篇，也是他诗歌中最常见的主题，着重描写人生的艰辛与苦难。

能的意义，而卡尔维诺发现了与此相对立的一面。他于 1961 年在都灵科托伦戈的投票站内做监票员的所见所闻，反而成为一种要求，要求不要放弃挑战，不要放弃制图师的工具。卡尔维诺以其惯常的方式做到了这一点，他不但停下来重新思索他已经走过的路（《我们的祖先》三部曲和 1964 年《通向蜘蛛巢的小径》再版的前言和总结，带着对贝佩·费诺利奥的敬意对抵抗运动文学进行了总结），而且不断思考其策略，为满足读者不断提出的新要求新问题做了充足准备。

因此，六七十年代的卡尔维诺是国际化的卡尔维诺，是旅行家、数学家，是一位百科全书式的学者，他在大量科学读物（尤其是物理学、天文学和生物学的读物）以及与“乌力波”的巴黎学者之间的友谊中得

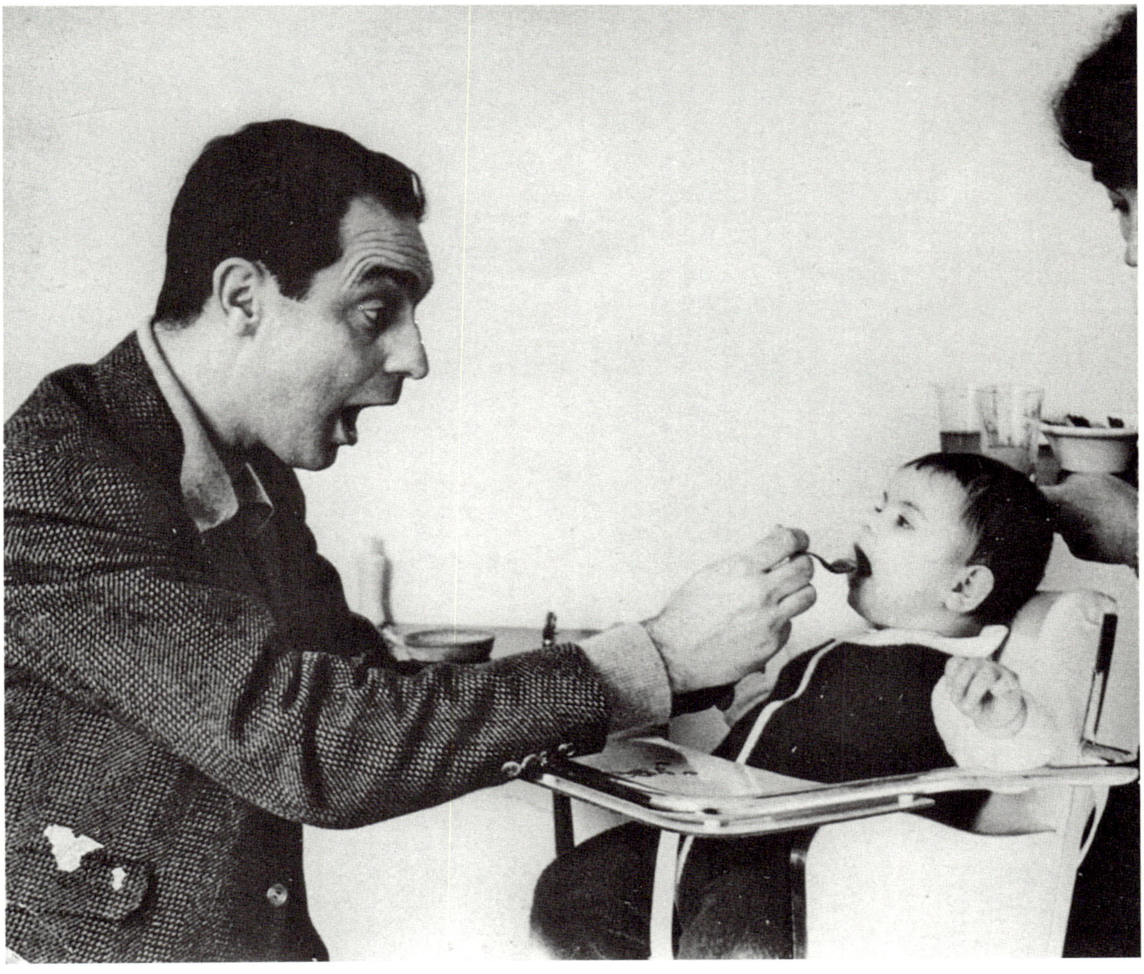

1966 年，卡尔维诺与女儿乔万娜在一起。

“只要家人在一起能够快乐，一个家庭就能运转。无须每天或每星期都这样，只要隔段时间能在一起十五分钟，甚至十分钟就足够了。一个人需要知道如何限制自己的期望，需要知道孩子来到世上是因为我们的自私，因为看到他们的成长能给我们带来快乐，我们希望他们健康快乐。无须每天都快乐，要不就成了动物，但要有快乐的潜在能力，生活顺利而不会事事惨败的潜在能力。”

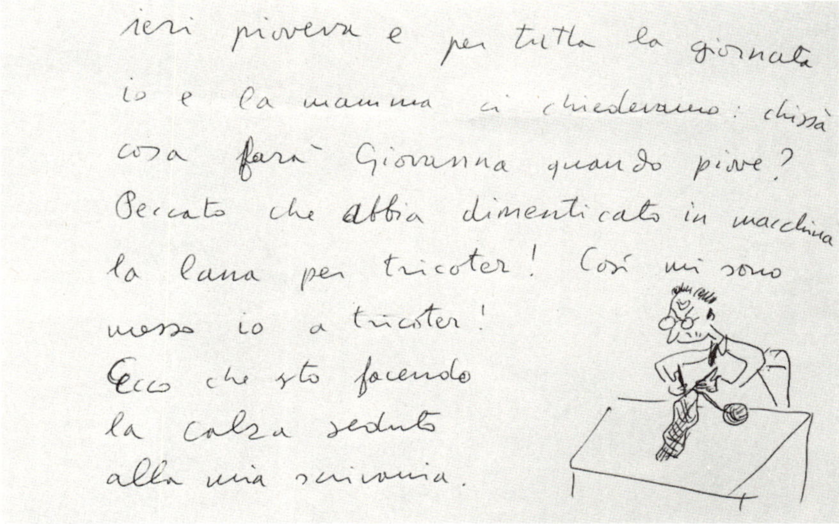
ieri pioveva e per tutta la giornata
io e la mamma ci chiedevamo: chissà
cosa farà Giovanna quando piove?
Peccato che abbia dimenticato in macchina
la lana per tricoter! Così mi sono
messo io a tricoter!
Ecco che sto facendo
la calza seduto
alla mia scrivania.

（昨天下雨了，我和你妈妈一整天都在想：不知道下雨的时候乔万娜在干什么？可惜她把毛线落在车上了！所以，我就开始织毛衣了！喏，我正坐在办公桌前织毛衣。）

左图：“父母有了孩子之后，最初的本能之一就是给孩子拍照。因为孩子成长迅速，所以有必要经常给他拍照，因为没什么能比一个六月龄的婴儿更瞬息万变、更令人容易忘记的了，他很快就长到八个月大，然后是一岁。在父母眼中，孩子四岁时达到的完美轻而易举就能打破并取代他三岁时所达到的完美，只有相册才能定格那些完美的瞬间，对它们一视同仁，而每一种完美都具有自己无与伦比的绝对性。”（1970）

Era una notte
buia e
tempestosa

到滋养，攻克了维托里尼所指出的关于《分成两半的子爵》的二元论（作品带有童话色彩的现实感，也可以转变成带有现实色彩的童话感），从而获得了新的概念工具。1964 年，他在给雷亚的信中承认“对文学感到疲惫不堪”：“我有一段时间只看天文学的书，当然我没有跟其他人说过这件事。此外，至少就‘文学世界’而言，我也不和任何人谈论任何事。文学生涯犹如军事生涯。只要你还年轻，你就可以忍受它，忍受对它的不满。但无法忍受终生，所以告假的时候到了。”事实上，卡尔维诺并没有告假。直到 1984 年，他才几乎不情愿地宣布，是时候考虑自己了，考虑仍待解决的许多事情。

正如朱利奥·埃伊纳乌迪对塞维里诺·切萨里所说，卡尔维诺经过“塞纳河的润泽”，在人类学和神话方面获得了帕韦塞的助力，并饶有兴致地关注着科学史学家乔治·德·桑蒂拉纳。七十年代末在接受达尼埃莱·德尔·朱迪切的采访时，卡尔维诺解释说：

[……]《分成两半的子爵》中存在着分裂，也许我的所有作品中都存在分裂。分裂的意识引起和谐的欲望。但是偶然事物中的每个和谐的幻想都具有欺骗性，因此需要在另外的层面上去寻找。所以我就到了宇

卡尔维诺在埃伊纳乌迪出版社的会议室。

“亲爱的阿尔皮诺，我完全同意你对我的小说所做的评价。这正是我想做的事情，也是我认为做得对的事情：赋予生活的种种托词与不满以风格，也就是赋予其意义与道德。我冷若冰霜？这将是有史以来对我最高的称赞，不过，我还有很长的路要走。”（1959c）

在1961年9月24日，卡尔维诺在阿西西城堡的演讲台上。照片中从左至右分别有：圭多·皮奥维内、雷纳托·古图索、阿尔多·卡皮蒂尼（身体前倾的那位），还有皮奥·巴尔代利教授和卡尔维诺。在大国重整核军备对和平构成威胁的时期，卡尔维诺与埃伊纳乌迪出版社的少数同事参加了此次运动，这表明卡尔维诺倾向于在大的伦理政治问题上衡量自己，比如和平共处的问题。得益于母亲的教诲，这些思想深深植根于他的心中。在进军运动期间，他们所演唱的反军国主义歌曲中包括《秃鹫飞起的地方》，这首歌曲是由卡尔维诺在1958年至1960年与都灵的“新闻演唱”乐队合作期间填的词。

上图：卡尔维诺与莫尼卡·维蒂、贾恩卡洛·维戈雷利。
下图：《维杰瓦诺来的教师》（1962 年）的新书推介会。
左起：莫拉维亚、里佩利诺、马斯特罗纳尔迪、卡尔维诺、
埃伊纳乌迪。

1963 年斯特雷加文学奖的最后一夜。左起：费利切·巴尔博（站立的那位）、卡尔维诺、朱利奥·埃伊纳乌迪、娜塔莉亚·金兹伯格。这一届文学奖的获奖作品是娜塔莉亚·金兹伯格的《家庭絮语》。

宙层面。但是这个宇宙并不存在，即使对科学来说也是不存在的，它只是一个超个人意识的境域，在那里超越了人类本位主义思想的所有沙文主义，也许达到了一个非拟人化的视角。在这升空过程中我从没有恐慌自满，也没有沉思冥想，更多的是对宇宙的责任感。我们是以亚原子或前星系为比例的链条上的一环：我坚信，承前启后是我们行动和思想的责任。我希望，能从我那呈碎片化的作品组合中感受到这一点。（1978）

因此，对否定性、混乱、现实中令人沮丧的大量模糊文体的简单模仿已经不够了。卡尔维诺“欣慰地”发现“写作只是给定元素的组合过程”，因而，即使每个可能性的实验者都会发现这个游戏被赋予了意想不到的意义，作者有责任去探索一个甚至独立于诗人个性的游戏赋予他的所有

二十世纪六十年代初，卡尔维诺与帕索里尼。

“帕索里尼是我的同龄人，当他开始在国内舞台上出现，我就开始关注他。最近我读了西西利亚诺写的帕索里尼传记，由此我了解了很多关于他的家庭、他的父亲、他与兄弟的关系。当他在杂志《比较》上发表了也就是后来的《生活的年轻人》中的一章时，我就开始读他的作品。那是 1951 年，那一章实际上是他为这部方言作品做的宣传。五十年代他创作了很多重要诗作。我是在杂志《新话题》刊出他的诗集《葛兰西的骨灰》时开始读他的诗，但是之前我在斯帕尼奥莱蒂的选集中就注意到他，阅读过他的诗集《意大利歌集》。在意大利共产党的报刊《当代》上曾有过一次对他的争论，因为他们不太看重他的作品，那大概是 1954 年，而我一直是他的朋友。之后，当他开始拍电影，我觉得他的兴趣有所减弱，我对他的电影也不感兴趣，因为我觉得跟他当作家时大相径庭。作为作家，他极具精确性，他是一个非常精准的作者。而在电影院里，我认为，他的画面形象都非常普通。”（1979）

二十世纪六十年代的朱利奥·埃伊纳乌迪。

达尼埃莱·庞奇洛里（1924—1979），埃伊纳乌迪出版社的主编，也是《如果在冬夜，一个旅人》中卡维达尼亚博士的原型（此书也正是献给庞奇洛里的）："你立刻明白，卡维达尼亚博士是各种组织机构中不可或缺的人物，肩负着其他同事不愿承担的最为复杂和棘手的任务。[……] 他说：'尊敬的先生，出版社是个脆弱的机构，不论什么时候，只要一个地方出现异常，便会蔓延开来，整个出版社就乱作一团。抱歉，我一想到此种情景就会头晕目眩。'"（1979b）

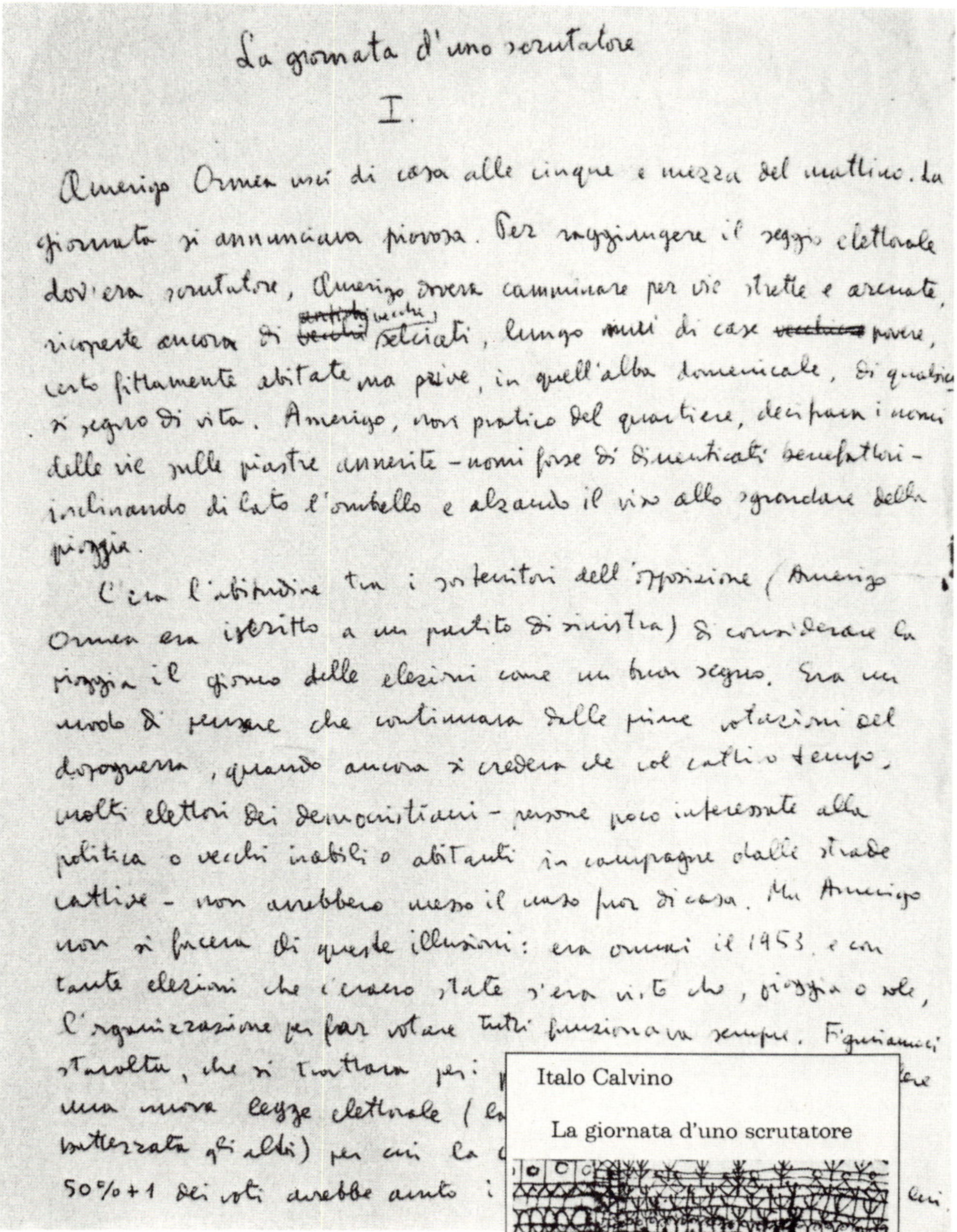

La giornata d'uno scrutatore

I.

Amerigo Ormea uscì di casa alle cinque e mezza del mattino. La giornata si annunciava piovosa. Per raggiungere il seggio elettorale dov'era scrutatore, Amerigo doveva camminare per vie strette e arcuate, ricoperte ancora di ~~vecchi~~ ~~antichi~~ vecchi selciati, lungo muri di case ~~vecchie~~ povere, certo fittamente abitate ma prive, in quell'alba domenicale, di qualsiasi segno di vita. Amerigo, non pratico del quartiere, decifrava i nomi delle vie sulle piastre annerite – nomi forse di dimenticati benefattori – inclinando di lato l'ombrello e alzando il viso allo sgrondare della pioggia.

C'era l'abitudine tra i sostenitori dell'opposizione (Amerigo Ormea era iscritto a un partito di sinistra) di considerare la pioggia il giorno delle elezioni come un buon segno. Era un modo di pensare che continuava dalle prime votazioni del dopoguerra, quando ancora si credeva che col cattivo tempo, molti elettori dei democristiani – persone poco interessate alla politica o vecchi inabili o abitanti in campagne dalle strade cattive – non avrebbero messo il naso fuor di casa. Ma Amerigo non si faceva di queste illusioni: era ormai il 1953 e con tante elezioni che c'erano state s'era visto che, pioggia o sole, l'organizzazione per far votare tutti funzionava sempre. Figuriamoci stavolta, che si trattava per i ... una nuova legge elettorale (la ... battezzata gli altri) per cui la c... 50% + 1 dei voti avrebbe avuto i ... lui.

《观察者》的首页手稿以及护封，护封上的插图为保罗·克利的画。

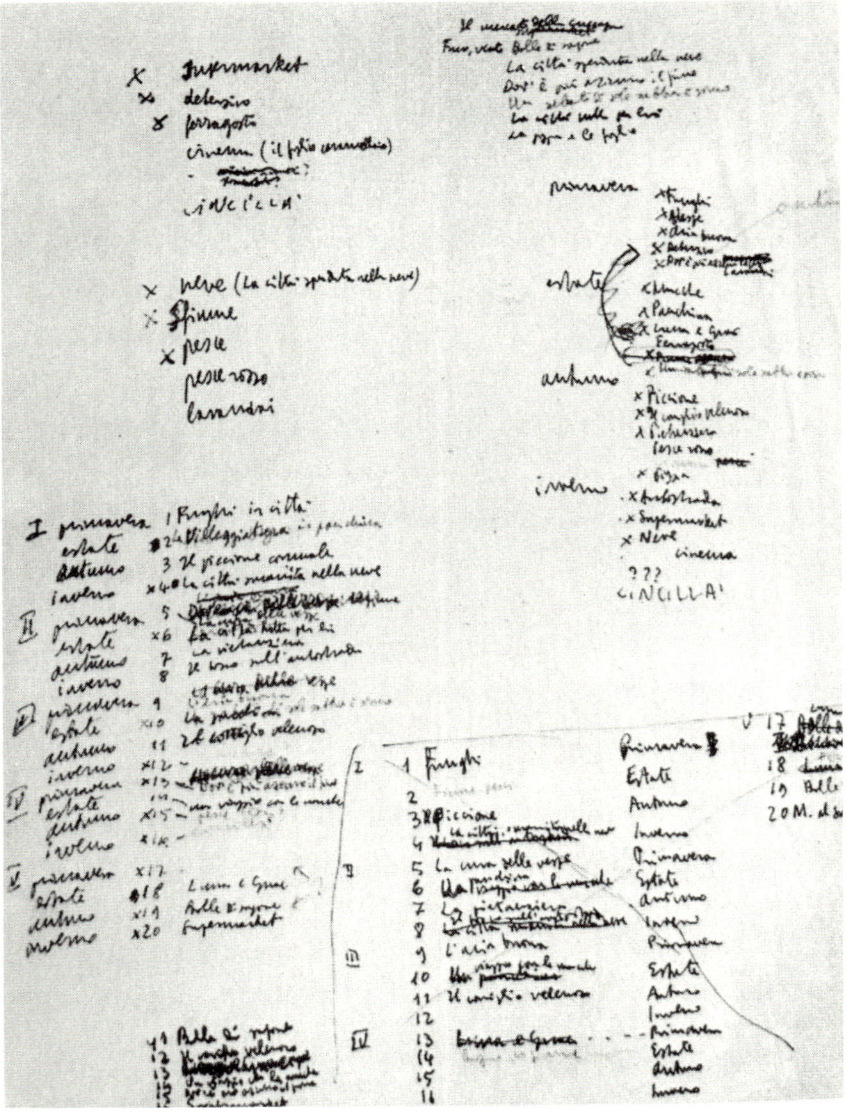

最初刊登在《团结报》上的《马可瓦尔多》系列短篇小说（城市中“正常”人的生活悲喜剧），后来于1963年收录在“青少年读物”系列丛书中，并且由塞尔焦·托法诺为该书设计插图（右图就是托法诺绘制的小说主人公马可瓦尔多），受到卡尔维诺大力赞赏。从那时起，《马可瓦尔多》不断取得成功并广泛用于学校教育，成为战后阅读量最高的书籍之一。

左图：《马可瓦尔多》系列短篇小说的提纲。

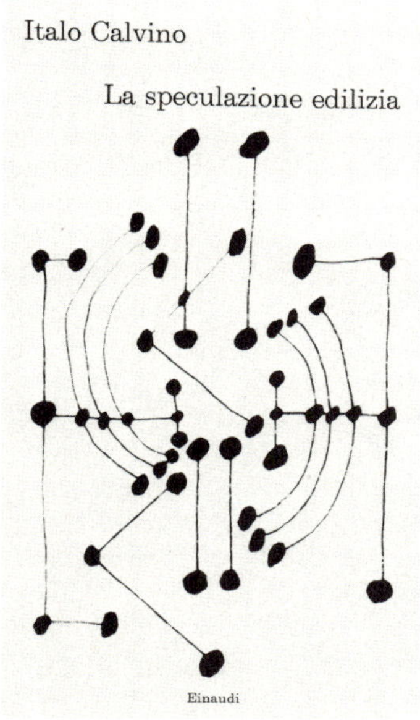

二十世纪六十年代初期卡尔维诺的系列作品的护封。《房产投机》（1963年）的护封插图为毕加索的一幅画作；《烟云》和《阿根廷蚂蚁》（1958年这两部作品在《短篇小说集》中出版，后来于1965年又合集出版）的护封插图以及新版《通向蜘蛛巢的小径》（1964年）的护封插图均为保罗·克利的画。

可能性。因此，作家可以且必须摆脱“我”的束缚，而致力于某种超越他自身的工作，在这种努力下，他会发现，组合游戏不仅不会消除那些奇妙的可能性，而且可能还会增强它们。冒险、奇幻、奇妙正是源于作家设计和实现他的个人电脑软件时的那种细心；卡尔维诺不需要世纪之交的矫揉造作的硬件来启动最为精准的计算。这就是推动卡尔维诺新时期作品的深刻含义，从《宇宙奇趣》到《零时间》，从《命运交叉的城堡》到《看不见的城市》，从《如果在冬夜，一个旅人》到《帕洛马尔》，这是卡尔维诺漫长而连贯的认识论的终点，从中可以看出，它与阿里奥斯托—伽利略—莱奥帕尔迪一脉相承，这一脉络也是“我们文学中最重要的力量源泉之一”。

在这段旅程中，巴黎之行尤为重要。1967年，卡尔维诺举家迁至沙蒂永广场的一栋小别墅里，本打算居住五年，却一直住到了1980年。不过卡尔维诺经常返回都灵，并且他们全家会在意大利过夏天。在巴黎，卡尔维诺于1967年完成了对雷蒙·格诺的《蓝花》的翻译，表达了他对这位文学大家的敬意。格诺与卡尔维诺极为相似，通过科学阅读获取滋养，从他精湛的组合技巧获取喜剧的、奇异的、荒谬的效果，而其组合技巧则基于令人眼花缭乱的语言游戏。在格诺孜孜不倦与细致严谨的单色调背后，卡尔维诺发现了一种兄弟般的精神。格诺把他举荐给“乌力波”的其他成员。“乌力波”，即文学潜在工场，是阿尔弗雷德·雅里创立的荒诞玄学学院的分支机构。在这里，他结识了乔治·佩雷克、数学家雅克·鲁博、弗朗索瓦·勒利奥内、保罗·富尔内尔。乌力波是由格诺与勒利奥内于 1960 年建立的，以严谨与想象著称，这里汇聚了一群古怪的作家，他们希望通过制定以逻辑和数学化为特征的严格的形式规则来推动文学创作。根据保罗·瓦莱里的观点，最大的自由源自最大程度的严谨，随后他的这一观点得到了发展。后来勒利奥内说：“我们冷酷无情，我们隆重庄严，我们并不总是严肃。”1968 年，卡尔维诺在回答有关科学与文学之间的关系问题曾评论道：“在这里，乐趣以及智慧与想象力的技巧占据主导。”

1972 年 10 月 30 日，在乌力波的宴会上，卡尔维诺应邀加入。在邀请卡上，创始人勒利奥内说他急切地想了解这位新成员跟格诺谈论的侦探游戏：四个人物与十二种犯罪行为的组合，会产生三十亿个解决方案。不久后，卡尔维诺在出版的短篇小说《可恶房子的失火》中拓展了这一构思。在 1972 年的那次会议上，佩雷克详细解释了一部小说的计划，这就是后来的《人生拼图版》，卡尔维诺提议由埃伊纳乌迪出版社出版，但未能实现。团体成员之间互相称呼对方为“乌力波人”或“旅长”，他们通常每月会面一次，会议时间从上午十一点到下午三点。卡尔维诺在工作上一直孜孜不倦，后来他为《潜在文学地图》做出了重要贡献。

卡尔维诺写过多篇关于格诺的文章。他的第一篇文章是对《吾友皮埃洛》的短评，该作品由朱利奥·埃伊纳乌迪翻译，1947年刊登在《团结报》上。在鲜为人知或未发表的作品中，还包括1983年录制的一套广播节目和一篇关于《小型袖珍本天体演化论》的翻译评论。

格诺不是一个很容易结识的人，因为虽然他很有礼貌，非常友好，但他不怎么爱说话。要么就是因为我不善于交际，要么因为我们两人见面时都不善于交际。我总能在伽利玛出版社看到格诺坐在办公室里，他是“七星丛书”的负责人。他总是穿着深色西装，身材魁梧，戴着眼镜，看起来像教授或银行经理，面带那一代法国男性常有的神情。从外表看，超现实主义者都穿着非常体面，表现十分正常，而在格诺身上体现出来

1975年9月23日，乌力波的会议在布洛涅－比扬古的勒利奥内家的花园中举行。桌子正中央是安德烈·布拉维尔。前排就座的自左向右分别是：卡尔维诺、哈利·马修斯、弗朗索瓦·勒利奥内、雷蒙·格诺、让·克瓦尔、克洛德·贝尔热。后排站立的自左向右分别是：雅克·鲁博、保罗·富尔内尔、米歇尔·梅塔耶、吕克·艾蒂安、乔治·佩雷克、马塞尔·贝纳布、雅克·本斯、保罗·布拉福特、让·莱斯屈尔、雅克·杜夏托、诺埃尔·阿诺。

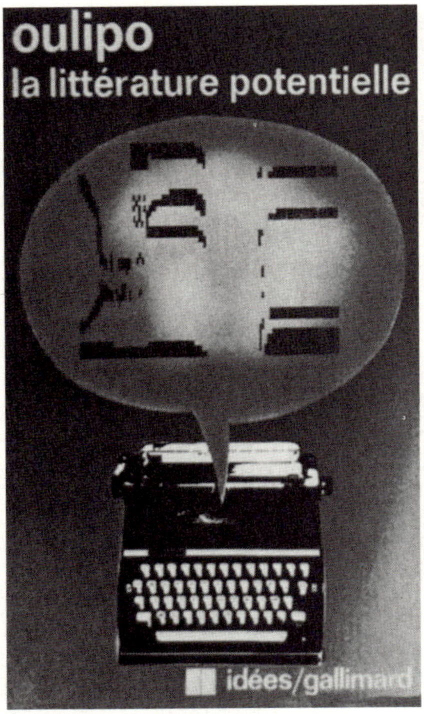

的也许是过于仪式感，过于友善，这就造成了一定的距离感，不过这种表象又时常被他爆发出嘲讽的笑声打破。在他生命的最后几年，我很有规律地与他见面，他这种矛盾的精神总是很适度，同时具有伟大的轻盈，伟大的谦虚：他不是那种将自己的作品作为世界的中心的作家；他具有价值的相对性的意识，这正是其智慧所在。[……]

格诺认为，必须遵守一定的规则，接受一定的约束，这才是自由的所在，而非限制自由。他说过，艺术家、诗人，必须意识到自己应该遵循的规则和必须尊重的约束，否则他写作时会被未知的约束所约束。作家和诗人，相信自己的灵感，相信自己情感的纯粹表达受制于他所不知道的限制。因此，他们不妨像古典诗人那样有意识地制定规则，并且在这样的结构框架内，他们就可以实话实说。这是他非常关心的问题。(1983)

左图：《潜在文学》，这是一份自1960年乌力波成立至1973年之间的文学选集。

右图：1967年由卡尔维诺翻译的格诺的《蓝花》的护封。

雷蒙・格诺

Era una notte
buia e
tempestosa.

卡尔维诺在巴黎的书房内。

我们可以推断出，在 1967 年埃伊纳乌迪出版社出版了《蓝花》的译本之后，卡尔维诺也曾计划翻译格诺于 1950 年发表的《小型袖珍本天体演化论》，这是一部关于世界本质的长诗，共分为六个篇章。卡尔维诺大约翻译了 50 行（全诗共有 1386 行），之后决定委托塞尔吉奥·索米翻译整首诗歌（卡尔维诺在“解密诗歌内容”方面对索米的翻译工作提供了帮助），后来该译本于 1982 年由埃伊纳乌迪出版社出版。翻译格诺的作品是卡尔维诺的爱好之一，在去世前几周他还完成了对《苯乙烯的圣歌》的翻译，这也很好地证明了这一点。

在卡尔维诺的帮助下，塞尔吉奥·索米翻译了格诺的《小型袖珍本天体演化论》，由埃伊纳乌迪出版社出版。该书的护封插图为胡安·米罗的《太阳前面的人》。

以下是卡尔维诺在 1970 年对《小型袖珍本天体演化论》的第二版（1969 年格诺对作品进行了修订）的第六篇第一行至第四十八行的翻译草稿，此前从未发表过，用他的话来说，这一部分诗歌“幽默十足，情感充沛”。

猿类表亲变成人
转瞬人把原子分
修枝剪杈做滑轮
敲山碎石来过滤
碧水两岸送浮木
火光红现云深处
依山傍水见茅屋
有豕忽落林深处
万物尽显根源色
起源原始而古拙
驯鹿于树干蹭痒
未觉剔刀剥皮囊
猩猩粪球当子弹
不知子弹穿胸膛
乱石无心只酣睡
身下酝无尽可能

拙劣武器木制刀
扎进头骨击目标
诸事皆遵人类学
正需初出茅庐人
最喜食软体动物
善捕蛤蜊鱼与虾
水气氤氲去采菇
人虽成年心尚幼
性器早熟喜欲狂
一根发丝分为四
骄呆幼稚急探索
何时何地与方式
一柱一石开天地
晶体延展全过程
地壳之下掩地腹
头顶之上挂苍穹

蓝天为幕白云浮
忽闻腹鸣雷电声
一树扎根熔岩中
献出枝叶闪电抚
从头至脚皆尽欢
化身地火飓风花
裂卵石淬炼利矛
人类首尝人生味
烤熟他人成宴会
被杀只因可果腹
弓箭离弦中目标
撞针击打尖锥插
逻辑大步向前跨
剃刀也把香火传
梳篦与那痒痒挠
卫生用具不能少
指甲锉奶酪擦刀
删抹铭文的刮刀

1973年5月9日，乌力波的成员在巴黎的里德楼。从左至右分别是：吕克·艾蒂安、马塞尔·贝纳布、弗朗索瓦·勒利奥内、雷蒙·格诺、卡尔维诺、哈利·马修斯。

旅居巴黎时，卡尔维诺对符号学也很感兴趣，他还参加了罗兰 · 巴特主办的关于巴尔扎克的小说《萨拉辛》的两次研讨会。尽管巴特学术有专攻，但对卡尔维诺来说，巴特依旧像佩雷克一样，属于不可归类的人。就连二人离世的情景都颇为相似。1980 年 2 月，巴特因车祸离世的噩耗突然传来，卡尔维诺被迫担起发布讣告的责任；而两年后，佩雷克离世，同样由卡尔维诺忍痛发布讣告。

2 月 25 日，在学院路与圣雅克路的交岔路口发生车祸。其中一个细节就是，罗兰·巴特被撞得面目全非，那里距离法兰西学院仅几步之遥，却没有一个人认出他来。救护车将他作为无名伤者（他身上没有带任何证件）送往沙普提厄医院进行抢救，他在病房里躺了数小时，身份都没有得到证实。

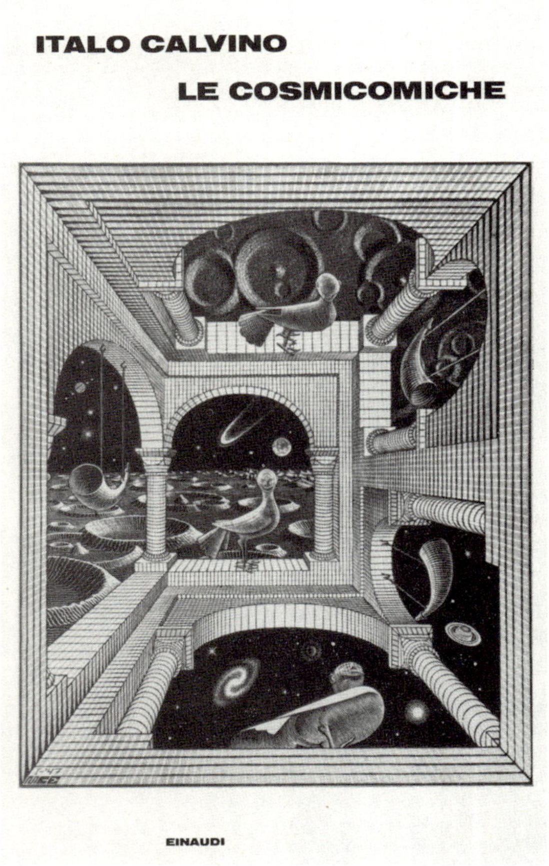

《宇宙奇趣》（1965 年）的护封。护封上是埃舍尔的画作《另一个世界》。

“《宇宙奇趣》能看出很多名家名作的影子，首先是莱奥帕尔迪，还有大力水手的系列漫画，塞缪尔·贝克特、乔尔丹诺·布鲁诺、刘易斯·卡罗尔、罗伯托·玛塔·埃乔伦的绘画，某些情况下还有兰多尔菲、伊曼努尔·康德、博尔赫斯、格兰威尔的版画。”（1964）

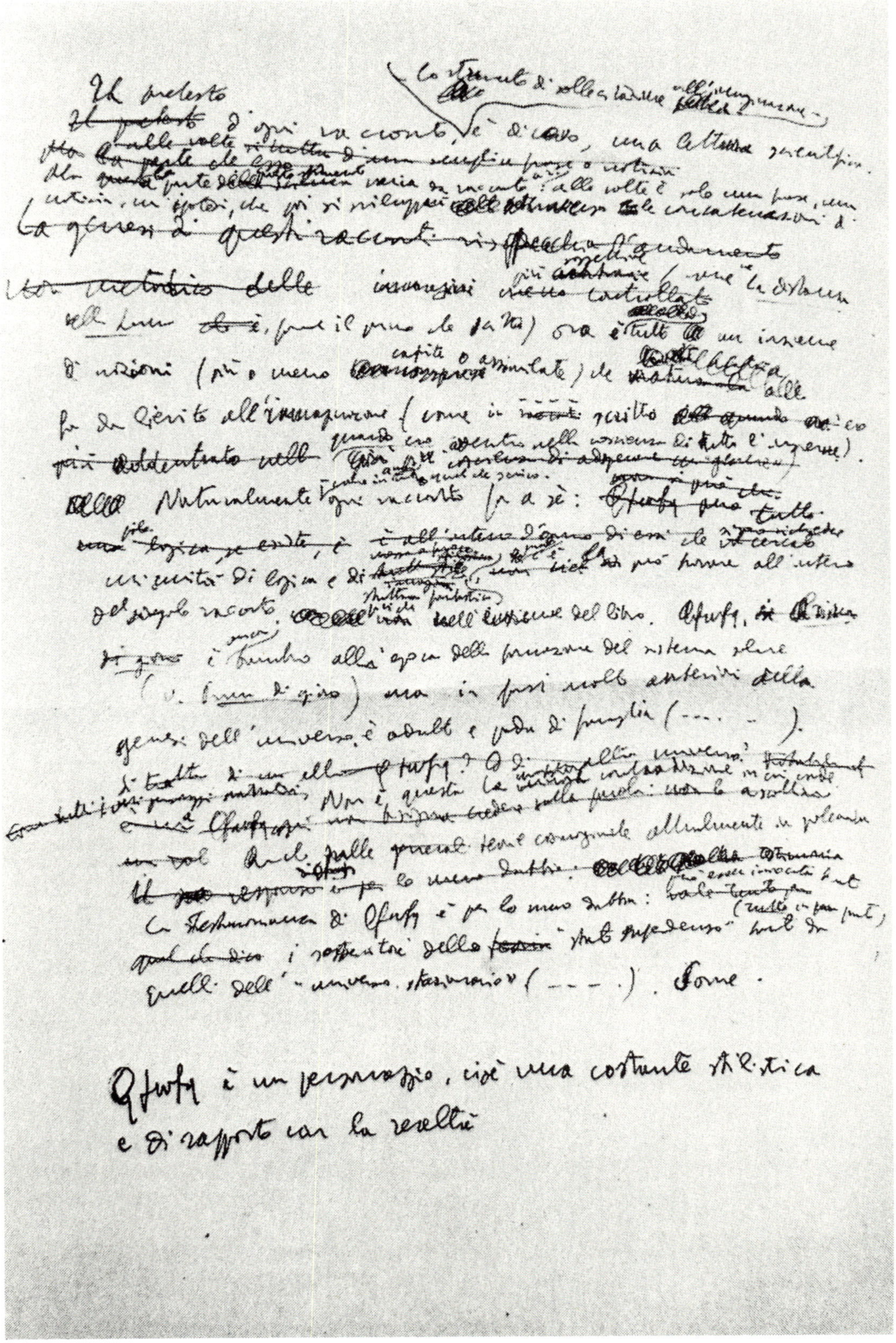
Il pretesto

Qfwfq è un personaggio, cioè una costante stilistica e di rapporto con la realtà

《宇宙奇趣》的一页手稿。

1. 在我看来，基本事实就是：皱眉就是一个纯粹的生物遗传现象，我试图用这种表情告诉人们，不应严肃对待皱眉。也就是说，肖像就是一个人的轮廓加上这个人与自己的轮廓之间的关系。

2. 一张脸，与人的其他方面一样，是由一个永远具有决定性的生理面孔和一张文化面孔组成的，文化面孔以某种方式满足管理生理面孔的需要。因此，它并不纯粹是一个面具，因为它无法被分割。

3. 无论是否审视个人内心的秘密，如今在意大利制作的肖像，其价值永远与意大利七十年代一个无名氏的肖像的价值毫无差异。[……] 集体特征比个体特征具有更大的力量，除非在极少数情况下，相貌本身就有了象征意义，例如波德莱尔的脸，即使如此，它也具有他人赋予它的集体意义。

4. 给自己拍照（或画像）就是制作自己的形象。[……] 最终我们会把每一幅画像看作自画像，如同在现代审美世界中，无论艺术家或作家描绘什么，他总是不断权衡利弊，在有意识地描绘自己。面对镜头时的表现衡量着有意表现的自我和未知的自我之间的距离，或者也许衡量着两者的虚幻本质。（1976）

上页：1969 年，卡尔维诺在小镇辛括勒。

几周前，我刚刚阅读了他的最后一本著作《明室：摄影札记》，内容十分精彩，尤其是谈及被拍照的体验，看到自己的面孔变成物体时的不自在，以及形象与自我之间的关系让我印象深刻。所以，当我为他的不幸命运而揪心时，我的脑海中便浮现出最近阅读的这本书，以及他与自己形象之间脆弱且令人痛苦的联系，如同撕裂一张照片一般突然间彻底断裂。

3 月 28 日，棺材中他的面容却没有任何损伤：依旧是他，依旧是我在巴黎第五区的街道上不时遇见的那个他，嘴角叼着香烟，那是第二次世界大战前的年轻人流行的抽烟方式（形象的历史性是《明室》的诸多主题之一，它也适用于我们每个人在生活中赋予自己的形象），但他的面容永远定格在那里，如同《明室》的第五章（我立即重读了这部分内容）所言，形象定格即是死亡，因此我们对拍照会产生抵触心理，但最终也只能妥协。“摄影师似乎吓坏了，为了让照片与死亡之间不画等号，他必须使出浑身解数。而我，已经变成了客体，不再反抗。”那个月他躺在沙普提厄医院里无法说话，这一观点应该就是他那个月的处境的写照。（1980d）

此前两年，也就是在 1978 年，在一档法国电视节目上，巴特对卡尔维诺的人品做了简短的评论：“[……] 在卡尔维诺的艺术中，在他的情感流露中，在他的创作中，用一句老话说，就是具有一种敏感性，也可以说是人性，甚至我想说是仁慈，如果这个词用法不是太苛刻的话。在他的观察评判中，总有一种从不伤人也从不咄咄逼人的讽刺，其中有疏离，有微笑，还有同情。”

对卡尔维诺来说，巴黎也是他遇见乔治·佩雷克的地方。佩雷克与蓬热、格诺成为他最为钦佩的当代法国作家（卡尔维诺的《看图识字》明显源自佩雷克的《小小识字绘本》）。即使在乌力波团体内，对卡尔维诺而言，佩雷克仍然是最具创造力和想象力的实验者，“他是世界上最独特的文学家之一，与任何人都没有丝毫相似之处”。1982 年，正当卡尔维诺准备推出意大利语版的《人生拼图版》——他计划至少撰写两篇文章（“一篇介绍这本书，至少列举部分书中内容；另一篇介绍作者，至少列举他的部分事迹”）——却传来了他的朋友突然离世的消息，因为“迅速恶化的不治之症”带走了年仅46岁的佩雷克。这是卡尔维诺在《共和报》上发布的讣告：

[……]他严谨的逻辑精神体现在热衷于对生活中的所有元素进行归纳整理：他收集自己的梦（他于 1973 年出版了一部梦的合集），他记录一代人与一座城市的琐碎记忆（一场球赛，一部老电影，一首歌词……1978 年，他将这些结集成一部优美的短句集《我记得……》），他还记录他住过的每个房间的准确家居布局（《空间的种类》，1974 年）。[……]

佩雷克的这种系统化思维（甚至是对分类的痴迷），使他以极大的耐心和坚持创作出了极为复杂困难的语言游戏。他想要证明一个具有普遍意义的真理：最人为的机制能够唤醒我们内心最意想不到、最隐秘的诗意欲望。佩雷克从古希腊文法学和矫揉造作的巴洛克文学中复兴了回文（正读反读均可的词语或句子），并且创作出五千字的回文作品。他还复兴了漏字文（全篇不出现某个或某几个字母的文学创作），并将其运用到小说创作中。事实上，佩雷克在 1969 年发表了一部侦探小说《消失》，全书没有使用一个字母“e”，而这是法文中使用最频繁的字母。

右图：乔治·佩雷克。

“为了摆脱存在的任意性，佩雷克需要制定严格的规则（即使这些规则本身也是任意的）。但奇迹在于，这种可以说是人为与机械的诗学催生了无穷的创作自由与丰富的想象力。这首先是因为它与佩雷克（自从他的第一部小说《物》以来）对分类编目的爱好相契合，对物品按照各自特性、时代、风格、群体进行归类。”（1984d）

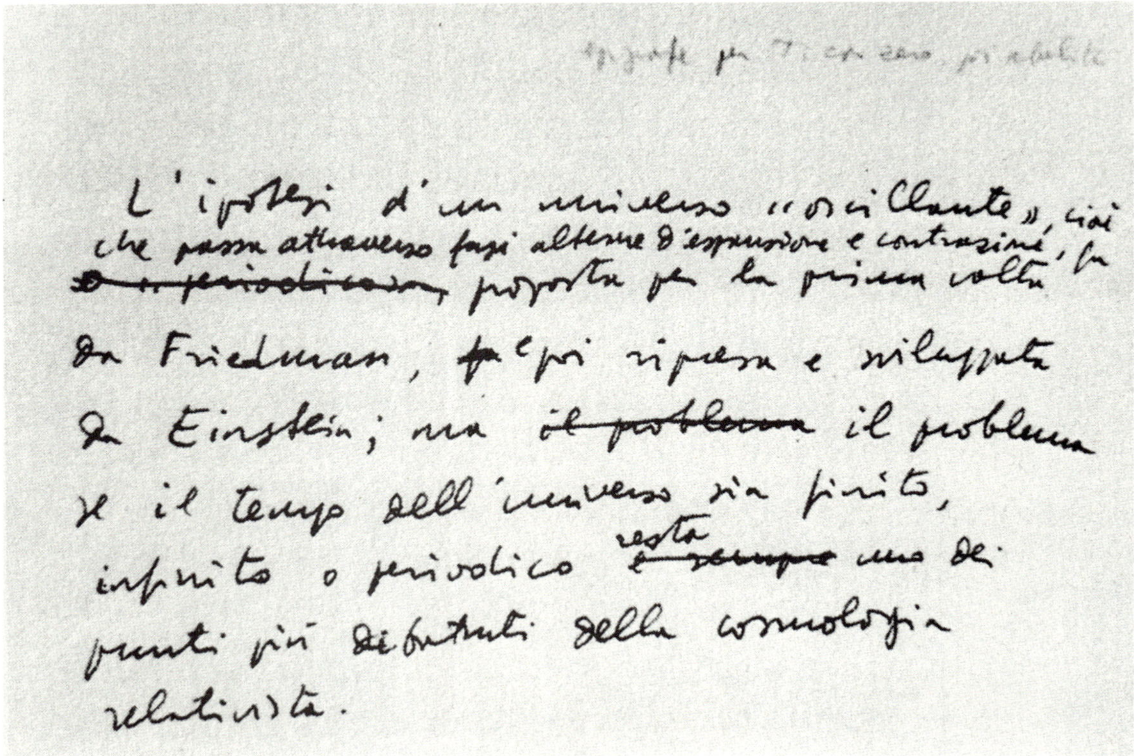
L'ipotesi d'un universo «oscillante», cioè che passa attraverso fasi alterne d'espansione e contrazione, fu proposta per la prima volta da Friedman, e poi ripresa e sviluppata da Einstein; ma il problema se il tempo dell'universo sia finito, infinito o periodico resta uno dei punti più dibattuti della cosmologia relativista.

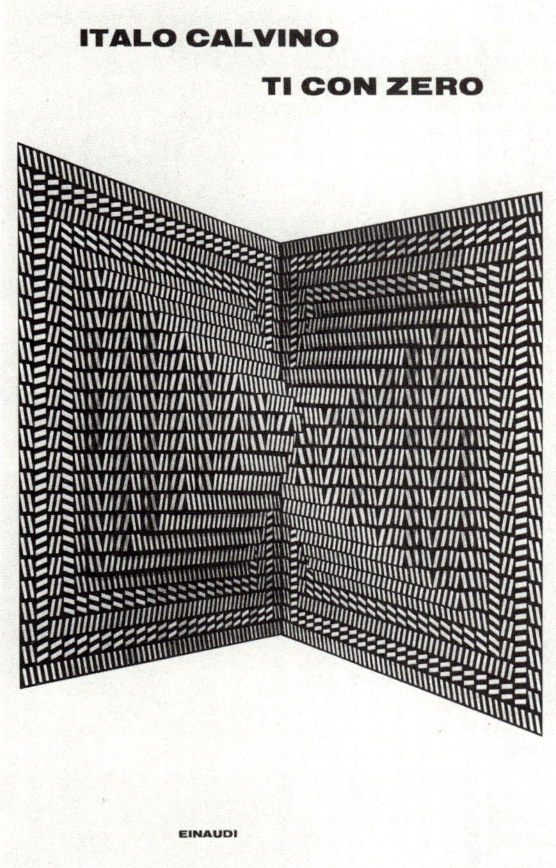

上图：卡尔维诺为《零时间》撰写的卷首引语，后被弃用。

下图：《零时间》的护封上的插图是瓦萨雷里的《金属金字塔》。

“在《零时间》中，我力图以看待空间的那种具体性来看待时间。在小说中，每一秒钟，每一分钟，每一个时间组成部分都是一个宇宙……把时间当作时间，把秒当作秒，这是一种尝试，力图摆脱变化过程中形成的戏剧性。”（1985c）

[……]

进入壮年，他的外貌越来越像传说中的恶灵：卷曲蓬乱的头发向两边伸展翘起，犹如一双翅膀，胡须与恶魔梅菲斯特的无二，脸上却带着犹如地精的讽刺而又活泼的表情。所以，当不幸的消息传来，他地精般的笑容一直浮现在我的眼前，我深陷这笑容之中，写出的讣告里只有他那些令人愉悦的奇思妙想。至少有那么几个小时，这笑容让我忘记了我正在写的是一篇讣告。（1982）

次年，卡尔维诺创作了一首诗《乌力波人》献给他的朋友佩雷克。后来，这首诗被收录在一本献给已故作家的论文集中，卡尔维诺还为此诗做了简短的创作说明：

乌力波人乔治·佩雷克

日日夜夜，在诗歌中

在散文中，在史诗与抒情诗中

他制定并遵守着规则

严格的规则，冷若冰霜

严丝合缝，是匠心独具

如痴如魔还是志得意满？

因狡黠坏笑而嘲讽，

还是为上苍而祈祷？

（抑或为众生？抑或不为任何人而祷告？

灵智派黑暗无比）

懒人的刺股之锥？

以蛇为发的恶毒女妖？
错误激流中的礁石？
美食烹饪的食谱？
赞美诗，凯歌，哀歌？
还是虔诚神父摘录的欢宴歌？
抑或是珍惜生命，
支撑作品与光阴的灵感缪斯？

我本打算只用乔治·佩雷克（GEORGES PEREC）名字中的字母写一首诗，但我很快就放弃了，只用两个元音和五个辅音，我无法畅所欲言。于是我增加了乌力波人（OULIPIEN）这个词中的字母，这给我提供了更多可用的元音（只有字母A扮演了“消失”的角色），还增加了另外两个辅音L和N。在意大利语中跟在法语中一样，这两个辅音必不可少，有了它们才能使用定冠词和不定冠词。我还用了字母组合CH，因为在意大利语中，它与单词PEREC中的C的发音相同。（1983a）

严谨的建筑师卡尔维诺要求自己遵守乌力波人所珍视的规则，即严格的概念框架，这反而推动他发挥了最大的创造力，在一部重要的作品中找到了实践的机会：对法国乌托邦主义者夏尔·傅立叶的著作进行选编，其中包括《关于四种运动的理论》、《新世界》以及其他关于和谐社会中的工作、教育、建筑的著作。这是一项以历史和组合的方式重新审视长期文明事业的工作，寻求个人与社会、自然与历史、激情与理性、传统与现代之间的平衡点。《我们的祖先》三部曲也以另一种方式谈及了这一点。

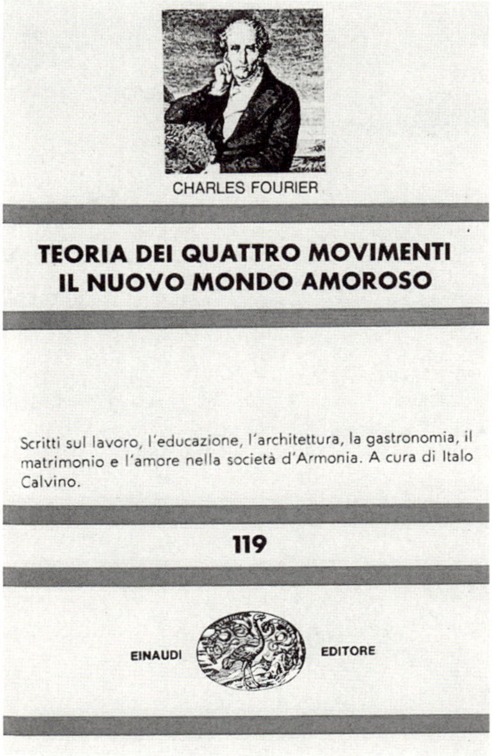

《傅立叶著作选集》，1971 年在卡尔维诺主编的“埃伊纳乌迪新世界”丛书中发表。

“对文明的批判占据了傅立叶著作中的很大篇幅。但是，在他之前已经有很多批评家对文明做过批判，现在仍有很多。这并不是让傅立叶在同类作家中独一无二的原因，而是因为他看到了一个截然不同的世界，并且用最详尽的细节来描述它，从它的动机机制来分析它。”（1971）

将乌托邦置于危机之中的总是地点。在哪里实现乌托邦呢？在现存社会的边缘，通过典范的美德使社会实现转变吗？那么，从改革的激进主义到改革主义的妥协，仅一步之遥。在一个新世界，在某些处女地，还是在一座荒岛上？（我们不要忘了，乌托邦诞生于哥伦布航海之后。）但是，我们知道，不属于任何人的世界是不存在的：输出一种文明的行为叫作殖民主义，即使我们确信是建立了一种崭新的不同于大都市文明的文明。傅立叶说，他万事俱备，只等一个赞助人来开启他的和谐社会。然而，当他的追随者准备将他的社会模式付诸实践时，他却匆忙退出。他知道，或者至少预感到，在脱离了书面文章，脱离了说教性的演说之后，他的体系就将失去反对所做过的或者所说过的一切的力量，也就是绝对的反对力量。

1967 年，卡尔维诺一家在隆基。和他们在一起的男孩是梅塞洛，他是埃丝特在第一次婚姻中所生的孩子。

今天，在傅立叶的读者中，不乏有人提出这样的疑问：在今天，在我们由休闲娱乐构成的文明中，傅立叶的理想是否得到了部分实现，比如在像地中海俱乐部那样的机构中，空闲时间是否得到了精心的计划？这个疑问足以摧毁他的学说大厦。然而，我认为傅立叶的学说能够承受住冲击，不会被撼动：与今天的对比，突显傅立叶关于建立所有人幸福的激进组织的想法，与目光短浅的商业幸福是格格不入的。

我认为，对十九世纪初的另一个恢宏计划，即对圣西门的理念的讨论是完全不同的。圣西门提出了“工业社会”和实业制度的模式。可以说他的模式取得了胜利，并且将美国与苏联都推向了顶峰，即使两者选了不同的道路。（尽管他希望将军事手段排除在外，但在这一点上，现实比预言要滞后很多。）缩小与可能之间的距离，对乌托邦来说是一场严峻的考验：正如圣西门所言，要么化为灰烬，要么自我升华。

相比之下，西哈诺与雷蒂夫·德·拉布勒托纳的乌托邦思想更具幻想性，更胜一筹。因此，在1968年前后，我读傅立叶的作品，就像阅读诗人、小说家、道德家的作品一般，也就是说我想获得一种幻想与道德的体系。（让我感兴趣的，是建立在准确性、严格的方法论和分类基础上的一种反镇压的道德，这样的例子十分罕见，尤为独特。）

如果我在这里提起那个建议，那是因为它很少被人关注，我无法验证那个建议在别人那儿和在我这儿的结果是否一样——也就是不满。我的方法有些不正确的地方。诗人、小说家和道德家（我说的是那些名副其实的人），这些人一旦成为你喜欢的人，就会始终追随着你，但空想家不会。乌托邦没有深度，你可以分享它的精神，相信它，但离开书页，它就无法在世界上继续存在，你无法依靠个人力量将它延续下去。合上

书，傅立叶不会追随我，我不得不回去翻阅书页，重新找到他，欣赏他，他依旧在那里，固执而清晰。但是我明白，一旦我还清了因钦佩他而欠下的这份债，之后我每走一步都是在离他远去。

当然，最近我对未来社会的感官表征需求也减弱了。这不是因为生命论对不可预知之事的诉求，也不是因为愤世嫉俗而屈从于更糟糕的东西，或者因为认识到哲学抽象性的优越之处在于能够指出我可以期待的东西，而可能只是因为我所期待的是其他更好的东西，它隐藏在阴影笼罩的岩层褶皱中、斜坡上，要找到它，就要在那些因最为精确的计算而无意带来的大量效果中去寻找，真理就在这些效果中，而非别处。今天我所寻求的乌托邦既非固态也非气态，而是一种粉末状的、颗粒状的、悬浮的乌托邦。（1973c）

右图：位于黎塞留街的法国国家图书馆的大门。这座图书馆是卡尔维诺在巴黎最常光顾的地方之一："我拿着第 2516 号读者证去那里查阅稀有文献。"

极少与人会面、大量的阅读、有条不紊的工作，穿插着必要家务劳动的乐趣，这些构成了《可爱的垃圾桶》的主旋律。毕竟，巴黎虽然特点鲜明，但对卡尔维诺来说，仍然是一个"非场所"，是一座可以让他隐形的城市，一棵枝叶繁茂的大树，他可以在那里静静地观察世界。

有几次，我出自本能地将虚构故事的背景设定为纽约，而我一生中只在这座城市生活了几个月。谁知道是为什么呢，也许是因为纽约最简单——至少对我而言，它最简明扼要，就是一个城市原型：无论是从地形、视觉所见，还是社会而言，都是如此。但是，巴黎却极具厚重感，掩藏着很多东西、很多含义。或许它给我带来了归属感，我说的是巴黎的形象，不是这座城市本身。你一旦踏入这座城市，就会立即感到亲切备至。

仔细想来，我从来没有想过将任何一部作品的背景设定在罗马，明

RF
BIBLIOTHEQUE NATIONALE
RF
7

巴黎，卡尔维诺坐在书房的办公桌前。

明我在罗马生活的时间远比在纽约生活的时间长，甚至比在巴黎的时间都长。罗马，是另一个我无力言及的城市，另一个被描述殆尽的城市。但是，任何关于罗马的作品都无法与关于巴黎的作品相提并论，它们之间唯一的共同点就是，无论罗马还是巴黎，都很难找到一些令人耳目一新，闻所未闻的话题，即使有新话题，任何一点改变都会迎来评论家们的众议纷纭。

也许我缺乏与地方建立个人关系的天分，我总是浮光掠影，成为各个城市的过客。我的书桌如同一座岛：可以在这里也可以在别处。再说，如今城市之间的差异消失了，失去了各自曾经鲜明的特征，它们融为一体，变成一座连绵不断的城市。这一理念贯穿我的作品《看不见的城市》始终，它源自我们之中最为普遍的生活方式：从一个机场不断换到另一个机场，无论在哪个城市，都过着一成不变的生活。我曾经说过，到现在重复了太多次以至于我都不想说了，我在巴黎有我的乡间宅院，我的意思是，写作是我工作的一部分，我可以在孤独中进行，在哪里都不重要，可以在乡间一栋孤零零的房子里，也可以在一座岛上，而我这处乡间宅院在巴黎市区。因此，尽管与工作相关的生活完全在意大利，但我能够或需要独处的时候，我就会来巴黎。

意大利，至少都灵和米兰，距离此处只有一个小时的路程。我住的街区上高速公路很方便，因此可以很快抵达奥利机场。可以说，当城市交通堵塞，我回意大利比起去香榭丽舍大道都快。我几乎可以在两地之间通勤，生活在欧洲就像生活在一个城市的时代即将来临。

同样地，一座城市将不再被视作一座城市的时代也即将来临：短距离移动比长途旅行花费的时间还长。当我在巴黎时，可以说我从不踏出这间书房。我长期坚持的一个习惯就是每天早上去圣日耳曼德佩区买意大利报纸，往返都乘地铁。所以我不是一个爱闲逛的人，不是波德莱尔笔下神化的那个在巴黎走街串巷的闲荡之人。因为，无论是国际旅行还是城市间往来，都不再是不同地域间的探索，只是简单地从一点移动到另一点，而两点之间空空荡荡，没有任何连续性。乘飞机旅行是一段云上插曲，而市区的行程则是一段地下插曲。

自从我年轻时第一次来巴黎，发现了这种便捷的交通工具可以让我毫不费力地踏遍全城，我就一直很信赖地铁。也许我与地铁之间的这种关系也受到地下世界的魅力的影响：凡尔纳的小说中我最喜欢的是《美丽的地下世界》和《地心游记》。又或许是那种匿名的快感吸引了我：我可以隐身于人潮之中，阅尽人生百态。（1974c）

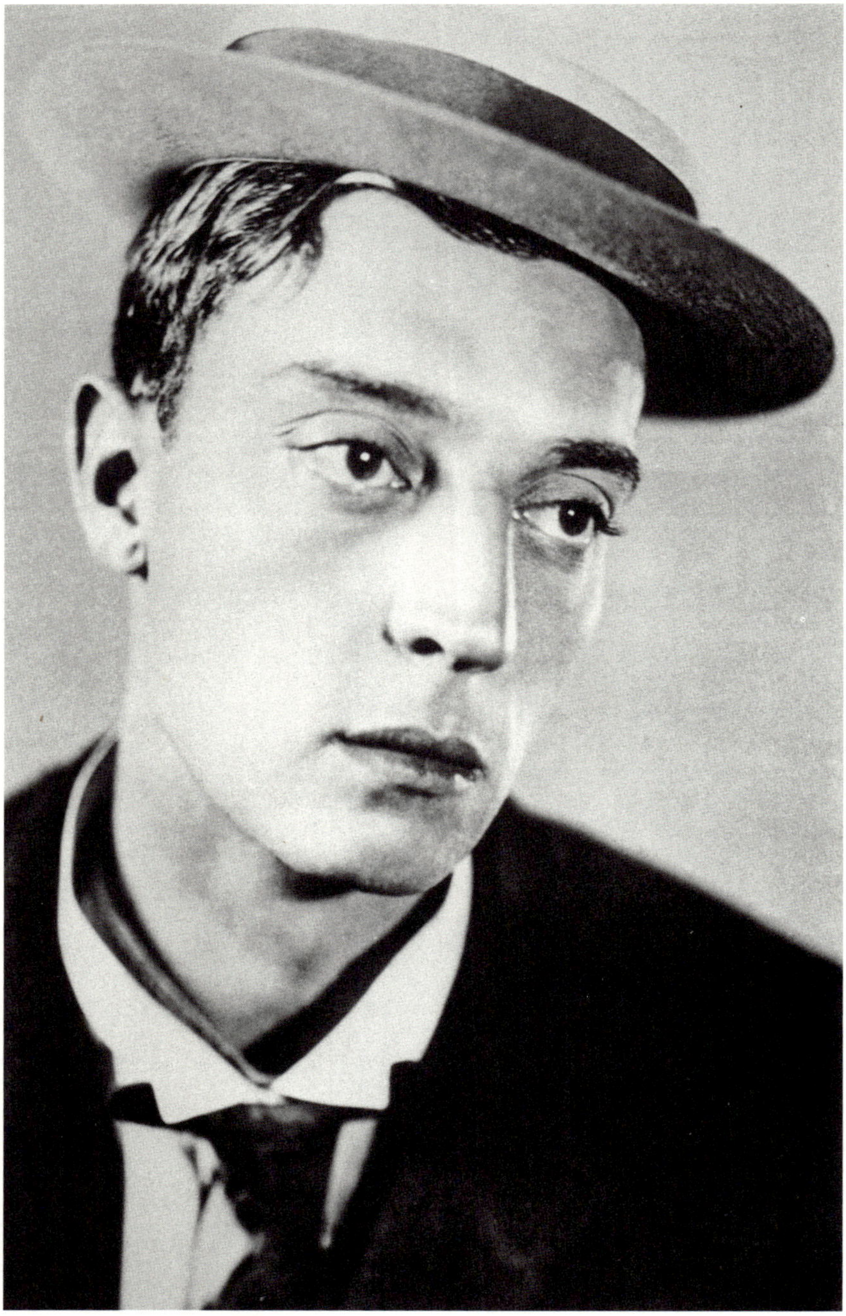

巴斯特·基顿。卡尔维诺非常喜欢他，在书房里挂了一幅他的画像。

“如果道格拉斯·费尔班克斯和巴斯特·基顿出现在我的神话中，跻身神坛之上，那是因为后来我回首过去，将他们引入了我想象的童年中。孩提时代，我对他们的了解仅限于那些彩色海报。”（1974）

“跑腿儿”

我可以毫不谦虚地说，最适合展示我天赋的行动领域就是搬运。带着一个物件从一个地方到另一个地方，不管这个物件是轻是重，距离是长还是短：在这种情况下，我就会感到很平静，就像一个人终于让自己的行为有了某种作用，或者至少有了某种结果；在搬运的过程中，我感受到一种难得的内心自由，遐想联翩，思绪飞扬。例如，我喜欢“跑腿儿”，去买面包、黄油、生菜、报纸、邮票。我说“跑腿儿”，是为了在我作为一家之主的职责和我小时候被赋予的任务之间建立起一种连续性；我也可以说“去购物”，但这种说法暗含着主动、选择和冒险的意味——估价并且对比那些让人越来越心疼的价格，与肉贩讨论肉该怎么切，掌握那些展示出来的商品所传达的信息，了解那些生菜、异域的时鲜果蔬、奶酪等。当然，从理论上讲，我更喜欢“去购物”这种说法，但在实际操作中，我无法奢望与那些在商店中穿梭的人相比，他们行动更自在，目光更迅速，他们更富有经验和想象力，更具实干精神和个人冲动。因此，比较明智的做法就是将我与市场之间的关系局限于迅速出击以便堵住漏洞：拿着一张小纸条，上面写着需要买的东西（“一大罐鲜奶油”）和重量（“一斤西红柿”），有时上面还写着价格，与我小时候他们派我去“跑腿儿”一模一样。

在巴黎，菜篮子主要是挎在男人的胳膊上，或者至少在意大利男性看来是这样的，因为他们在意大利见惯了女性光顾市场，而在这里，他们就会明白如何将食物带回家是家庭管理的首要任务。在这里，我以前的农业生活在大都市的语境中重新浮现，也让我想起父亲挎着篮子满载

上图：卡尔维诺与女儿在巴黎的花卉市场。

下图：巴黎植物园，包括植物园、自然历史博物馆和动物园。图为植物园的一角。它于 1650 年向公众开放。1739 年至 1788 年间，博物学家布封担任主管，为推动巴黎植物园的发展起到了决定性作用。

巴黎的一家奶酪店，这也是帕洛马尔先生分类调查的对象。

而归的形象。他将农场自产的农产品运回家并感到自豪，这是他感觉自己是“主人”的表现，尤其是“自己的主人”，犹如鲁滨孙自给自足的独立性的表现；还有关于雇工的独立性表现，在他力有未逮而他的孩子们又偷懒耍滑的时候，他就不得不求助于雇工。

那么，那条曾经被我拒绝拥有的骡马道，现在通过我的回忆在巴黎十四区的这条人行道上，在杂货店、面包店和蔬菜水果店之间重现了吗？不，那是我孩提时代的另一条路：是那条从我家别墅到城里去的路。每次我被派去“跑腿儿”，都为我出门提供了借口，有时我会假装忘了买东西，就为了能再出去一次。或者，更多时候，我根本不需要假装，因为我一直心不在焉，对出门的真正目的根本不感兴趣。那些我要买的东西、重量、价格，他们必须对我耳提面命很多次才能装进我的脑子里，而且钱也都是算好了再交给我的。（1977b）

百科全书般的巴黎

[……]这就是巴黎。巴黎是一本巨大的参考书，是一座可以像百科全书一样用来查阅的城市：打开这本书，它会为你提供全方位的信息，内容极其丰富，是其他城市不可企及的。让我们以商店为例，它构成了一座城市所表达的最具开放性和交流性的那些话题：我们沿着商店来阅读一座城市、一条街道和一段人行道。有些商店是一篇论文的章节，有些是百科全书的词条，有些则是报纸的不同版面。在巴黎，奶酪店里陈列着数百种不同的奶酪，每一种都标着名字，有裹着草木灰的奶酪，带坚果的奶酪，这里就是一座博物馆，一座奶酪的卢浮宫。它们体现了一个文明的多样性，允许相异形式广泛存活下来，使生产在经济上得以盈利，同时在提供选择，不违背奶酪体系和奶酪语言的前提下，保持各自的风貌。不过这首先还是分类法和命名法的胜利。如果明天我想写奶酪，我就可以出去查阅巴黎，它就是一本奶酪的大百科全书。或者去几间食品杂货店，那里还可以寻得到上世纪的异国情调，殖民主义初期的异国商业风情，可以说是一种万国博览会的风貌。

有一种商店，你置身其中，就会觉得这座城市塑造了凝视文明的特殊方式——博物馆，而博物馆反过来又塑造了日常生活中丰富多彩的活动，使得卢浮宫的展厅和商店的橱窗连绵不断。可以说，街道上的一切随时能收入博物馆，而博物馆也随时准备将街道上的一切纳入其中。所以，我最喜欢的博物馆是专门展示巴黎生活和历史的卡那瓦雷博物馆，这并非偶然。

“1968年夏天，我结识了詹尼·切拉蒂。文学中他极为关心的内容，从刘易斯·卡罗尔到塞缪尔·贝克特，也是我非常关心的。于是，我们之间开始了长达若干年的思想交流，这对我而言弥足珍贵。他博览群书，提出了诸多批判性的诗学理论和方法论，我则尽我所能跟上他的脚步。但是，由于我属于慢热型，经常是我刚刚领悟了他的话题，弄清楚了我同意和不同意他的哪些观点，他就已经开始了另外的话题，我不得不重新开始。
“‘喜剧’‘嘲弄’‘抨击’是他初期的话题，也是人类学和文学之间（从诺斯罗普·弗莱到米歇尔·福柯的范围内）的一个完整领域。所有这一切都伴随着他的创作实践，甚至以创作实践为核心，他创作了大量长篇小说（《喜剧》《圭扎尔迪的冒险》《叹息乐队》《天堂的历法》，均由埃伊纳乌迪出版社出版），其中介于梦幻症和迷茫之间的一个角色运用了‘次语言’，这种语言试图将自己呈现为超语言模式的书面等价物，即无声电影滑稽剧的喜剧性。比如拉里·塞蒙、哈里·朗顿、巴斯特·基顿等人的滑稽剧就具有这种喜剧性。”（1985d）

这种将城市视作百科全书和集体记忆的想法由来已久：想想看，哥特式大教堂的每一处建筑细节和装饰细节，每一处空间和元素都涉及全方位的知识认知，在其他背景中也可以找到对应关系。同样，我们可以将城市当作一本参考书进行“阅读”，就像我们（通过维欧勒·勒·杜克的修复）“阅读”巴黎圣母院一样，一个柱头接着一个柱头，一个落水管接着一个落水管地阅读。同时，我们也可以将城市当作集体无意识进行阅读：集体无意识是一个庞大的目录，一部厚重的动物寓言；我们还可以将巴黎诠释为一本梦之书，一本收藏我们无意识的相册，一本怪物图册。因此，在我成为父亲，成为幼年女儿的玩伴的过程中，巴黎可供我查阅的有巴黎植物园里的饲养员、蛇类和爬行动物馆（其中有懒洋洋晒着太阳的鬣蜥和变色龙）、史前动物以及伴随我们的文明的龙窟。

这座城市成为超现实主义之都并非毫无来由，我们身外有形的无意识妖魔和幽灵是它的古老特色。因为巴黎，早在安德烈·布勒东之前就

左图：卡那瓦雷博物馆的入口，该博物馆主要展示从 1500 年到法国大革命期间巴黎日常生活的方方面面，是卡尔维诺最喜欢的地方之一。

右图：博物馆展出的一家铁匠铺的招牌。

吸纳了后来成为超现实主义文学作品的所有基本元素；全城随处可见超现实主义留下的烙印、足迹，那是强调影像魅力的一种特定方式，比如在一些超现实主义风格的书店里，或者在一些小电影院里（例如专门放映恐怖片的冥河电影院）。

巴黎的电影院也是博物馆，或者百科全书，不仅可以查阅电影资料馆里的电影数量，还可以查阅整个拉丁区如蛛网般密布的电影放映厅；虽然这些放映厅狭窄逼仄，臭气熏天，但你在这里不但可以看到巴西或波兰新锐导演的最新影片，还可以看到无声电影时代或第二次世界大战时期的老电影。只要稍作留心，再加上一点运气，每位观众都可以一点点地重建电影史。例如我偏爱三十年代的电影，那个时代的电影对我而言就是整个世界。在这个世界里，我可以找到满足感，比如追寻逝去的时光，重温我儿时看过的电影，或者补上当年错过的、我以为永远都看不到的电影。在巴黎，你总是有希望找回你曾经以为逝去的东西，重拾自己或他人的旧时光。因此，这是看待这座城市的另一种方式：一个巨大的失物招领处，有点像《疯狂的罗兰》中的月亮，收集了世间所有丢失的东西。

由此，我们进入了收藏家的无边无垠的巴黎。这座城市令人想收集一切，不断积累藏品，进行分类，然后重新分配。你可以在其中像考古发掘一般进行寻宝。收藏家的巴黎还可以是一种存在的冒险，是借助物品寻找自我，是对世界的探索，也是一种自我实现。但是，我不能说我具有收藏家的精神，只有像老电影的画面、记忆、黑白影像这类触摸不着的东西才能激起我的收藏欲望。

我要得出的结论是，我的巴黎是一座成熟的城市。从某种意义上来说，我不能再以探索世界的眼光来看待它，那是年少轻狂时喜欢的冒险。我与世界的关系由探索转变为咨询，也就是说，世界是一组数据，它独立于我之外。我可以对这些数据进行对比、组合、传送，也许偶尔还可以适度享受一下，但始终流于表面，无法深入其中。我家楼下有一条老的环城铁路——巴黎环城线——近乎废弃，但是仍然有一辆小火车每天经过两次。这让我想起了拉弗格的诗：

我永远不会冒险；
巴黎环城铁路
在大自然中，是如此渺小！（1974c）

“格劳乔·马克斯与银幕上其他伟大喜剧演员的不同之处在于，他通过声望、成功、权威、懂得生活等外在特征，来表现他饰演的喜剧角色：雪茄、大胡子、眼镜、深色西装，膝盖向外弯曲，大步前进，犹如在滑冰，这是他发明的最具代表性的滑稽剧动作。

“虽然他两个兄弟的生存空间是自由的、贪婪的，充满了赤贫者的狡猾，他们二人从中获得了狂热的快感，[……]然而格劳乔饰演的角色总是某种意义上的权力人物（独裁者、亿万富翁、剧院经理、大律师、大学教授）。但是，格劳乔将权力的所有卑鄙本质都表现得淋漓尽致，揭露了声名显赫之下有多少卑鄙下流，每个体面的讲究下掩藏着多少玩世不恭，而每一个成功都不过是昙花一现，缺乏幻想，随后又跌回到原点。如果说弱者的角色让失败升华，那么格劳乔则揭开了每种可能升华的成功神话，展示了得到社会认可本身带有多少可悲和愚蠢。

“在扮演了所有生活放荡之人和令人不可抗拒的征服者之后，格劳乔开始追求那些如天后朱诺般丰神绰约的金发寡妇，尤其是她们的银行存款。但他的勾引举动是如此漫不经心和不抱幻想，使征服失去了任何意义和价值。[……]到头来，在他冷静的嘲讽之中，成功与失败并没有什么分别。”（1977c）

作家的工作

上页：1979 年，卡尔维诺在斯波莱托。

本页：卡尔维诺在蓬帕杜夫人宾馆审核《索多玛 120 天》的手稿。

卡尔维诺在与卡蒙的一次交谈中直言，他很满意自己沉浸于“书虫的爱好”之中：“并非我对时事的兴趣减弱了，但是我不再感到要亲临其中的那种冲动。尤其是我不再年轻了，您懂的。司汤达主义，那是我青春时期的实践哲学，在某一刻它已经结束了。也许只是一个新陈代谢的过程，一个随着年龄增长而出现的事物，我曾经年轻了很长一段时间，也许太长了，突然间我感到我应该开始老年了，是的，就是老年，也许是希望延长老年时期，所以就提前开始我的老年了。”（1973a）

在“百页”丛书中，除了一贯的自嘲行为和滑稽自画像之外，丛书的编纂也是与最受喜爱的文豪进行交流的一种方式，由此进入他们的创作领地，推演他们创作技巧的秘密。卡尔维诺在后来的一次采访中说：“我

卡尔维诺从1971年至1985年主编的“百页”丛书其中两卷的封面。

“事实上，我痛恨一般化、近似的词。[……] 这些从口中说出来的单词是一种软弱无力的、不成形的东西，这让我无比恶心。我试着在写作中，将这些总是有点恶心的单词变成一种精确的东西，这可能是我生活的目标。尤其是当这种情况开始恶化，当人们生活在一个单词日趋普通、日趋贫乏的社会里。面对一种走向拙劣或走向抽象化的语言，面对各种始终坚持的智能语言，朝着高不可攀的东西的努力，朝着一种精确语言的努力，就足以证明生活。”（1979）

最大的满足之一就是重新阅读多年前读过的伟大著作。我的梦想是全神贯注于我认为是‘我的书’的那些有限数量的书。在我生命的不同时期，有些书我读过多次，而还有些我从来没看过，但我知道它们在那里等我去读。我已经到了必须考虑无用或多余的书所浪费的时间的年纪了……”（1980a）

卡尔维诺在一份折页广告中对这套丛书进行宣传时写道，他想推介各个时代、各个国家伟大的叙事作家，但“不是通过他们的不朽著作或气势恢宏的长篇小说来进行介绍，而是通过属于某一重要体裁的文本，即‘短篇小说’或‘长篇记叙文’来介绍”。文本的设定“并不想过分讲究，给人意外之喜，对审美力有所要求，相反，它想要满足‘原始素材’的基本需求”。卡尔维诺的目的在于“恢复小说的地位”，希望它未来能够“涅槃重生”；但这也是重建自身文学谱系的一种方式，以最适合他自己的方式，即长篇记叙文来认识自我。

这套丛书共有 77 本，每本的书名通常由卡尔维诺确定。他通常在十六世纪到二十世纪初，尤其是到十九世纪下半叶的文学作品中进行细

左图：1967 年至 1969 年，卡尔维诺与萨利纳里为扎尼凯利出版社编纂的三卷中学读物其中一卷的封面。

右图：《命运交叉的城堡》（1973 年）的护封，插图为博尼法乔 · 本博的塔罗牌。

马里奥·蒙杰的《塔罗牌摄影》（1973 年）中的“魔术师”卡尔维诺。

1972 年 12 月 18 日，卡尔维诺与乔瓦尼·利昂纳。当天，卡尔维诺获得了安东尼奥·费尔特里内利文学奖。

心选择。众多作家中，史蒂文森和康拉德在卡尔维诺心中占有重要地位。他们的作品是卡尔维诺青春时期的钟爱，对他的文学成长起到了重要作用。

早在 1955 年，卡尔维诺就宣称，他十分赞赏史蒂文森。他喜欢他福楼拜式的精准性，遣词造句的精妙贴切，这使得他的英语成为“阅读过的最清晰、直接、合理、实用的语言”：史蒂文森不言自明的现实主义，他相信“人们所做之事具有重要性，能够从经历过的事情中反思学习”，这都是卡尔维诺所赞赏的。

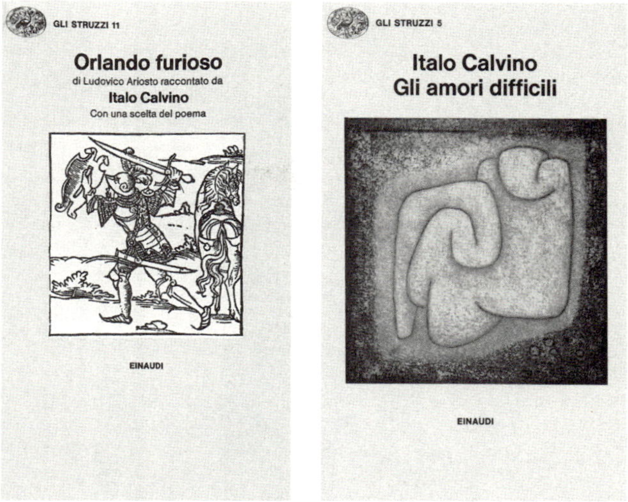

《伊塔洛 · 卡尔维诺讲述的卢多维科 · 阿里奥斯托的〈疯狂的奥兰多〉》（1970 年）与《困难的爱》（1970 年）的封面。后者封面的插图是保罗 · 克利的《波纹塑料》。

1954 年，卡尔维诺在一篇文章中对康拉德作品中的道德本质进行了研究。此外，在文章中，他还清楚地解释了阅读（和图书馆）作为参考网络的观点。这一网络中包含了所有内容，因此每一次新的阅读只有成功与前一次阅读相联系时才有意义，成为有机探索文本的一个环节。康拉德，在生活与风格上和史蒂文森截然不同，但至少有一点二人极为相似：康拉德曾经是一位出色的船长，这段经历让他的作品内容丰富，具有“来自现实生活的天人合一的感觉，人类如何在自己所做之事中实现自我，在作品隐含的道德训诫中实现自我，无论在帆船的甲板上还是

在作品的字里行间，面对困难都能处之晏然的理想状态”。（1954b）

从启蒙运动到二十世纪初，堪称经典之作的优秀文学作品已经不胜枚举，但如果只在这一阶段寻找读者卡尔维诺的前辈，将是有局限性的。在1969年卡尔维诺为扎尼凯利出版社主编的中学读物《阅读》中（该读物展现了卡尔维诺对年轻人的服务精神、谆谆教诲和审慎态度），我们找到了对短篇小说的定义，带有间接的自传意味：

在十四世纪，第一位伟大的意大利散文家是世界上最著名的短篇小说作家：乔万尼·薄伽丘。从十四世纪到十六世纪，在意大利文学和欧洲主要文学中，薄伽丘短篇小说的风靡使得短篇小说集百花齐放。短篇小说的世界与它所呈现的人性一样多姿多彩，但它不是英雄的世界，也不是名流巨子的世界，而是反映普通人日常生活与习俗的世界。小说所

《看不见的城市》（1972年）的护封，图案采用的是马格利特的《比利牛斯山脉的城堡》。“这些城市集诸多事物于一身：它们是记忆、欲望、言语符号的集合体；城市是交换的场所，[……] 但这种交换不仅仅是货物的交换，更是话语、欲望、记忆的交换。我的书以幸福的城市为开端和结尾，这些幸福城市隐藏在不幸的城市之中，不断地形成与消失。”（1972）

述事件总是围绕着嘲讽、狡猾、受挫的爱情、慷慨的行为、躲避危险等情形展开。

十九世纪的短篇小说发生了真正的改变，几乎获得了新生。短篇小说讲述的依旧是普通小人物之间的悲欢离合，发生的时间也无关紧要，但是现代叙事作家并不寻求最离奇的案件或最复杂的阴谋，而是想要抓住生活的瞬间，抓住那些导致我们在几乎毫无察觉的情况下去面对荒谬状况的事件的简单机制。莫泊桑和契诃夫是十九世纪短篇小说的大师。但是，作家越来越倾向于表达的不是事件，而是个人对世界的看法，因而我们距短篇小说的传统背景越来越远，而越来越靠近中篇小说的传统背景。（1969）

对卡尔维诺来说，主编丛书，重读他最喜爱的经典著作（阿里奥斯托、涅沃、司汤达）也是一种思考自己作品意义的方式：那是一种从未停歇的系统且准时的反思，似乎在每一次写作、每一部新书中，作者都觉得有必要阐明自己的理由。卡尔维诺的美学，他对行动的实际构思，都是一种伦理的派生，一种精准道德的规范，在创作中得到了完美呈现。在二十世纪七十年代后期的一次采访中，卡尔维诺再次明确表示他对康拉德丝毫未变的钟爱：

我的道德观是实用的，经验性的。这是根据经过经验中出现的标准对价值进行的归因，我们据此而自我定位，失去它一切就分崩离析。我认为，除非通过一长串的实际例子，否则无法对伦理进行定义。例如，我前面说的，人们秉持一种伦理，在这之中，精确是一种价值，需要付出努力但丰富了社会生活的东西是一种价值。

我的道德是工作伦理的一部分。一切的意义都在于工作。而工作是主体间的行为，它建立与他人的沟通。所以人们明白自己会死，但是通过工作，其他人运用你所创造的、你所生产的东西，继续生活，然后死亡。工作就是沟通。死亡并不是一件如此不凡的事情。［……］

本页：选自《意大利童话》的两部故事集的封面。这两部故事集由埃马努埃莱·卢扎蒂绘制插图，在“青少年图书”系列丛书（1972—1974）中出版。

下页：二十世纪八十年代初的卡尔维诺。

对于我而言，重要的是你怎么样，你做什么。存在主义的自发性不会让我情绪低落，因此所有人都是生物，所有人都有生存的权利。生存的权利需要努力去争取，然而我认识的很多人没有任何生存的权利。一个人必须证明他有生存的权利，我不肯定我是否有这个权利。我必须去证明，但并不是总能成功。确实如此。

我感觉我是个多余的人，这片土地人口过剩。（1979）

在同年的另一次采访中，卡尔维诺强调了他自己的道德观念的家庭根源，并解释说拒绝主观性、退缩和自恋自满严重污染了文学：

对于很多作家来说，他们的主观性就是自给自足的。在那里发生的事就是有价值的事。没有别处，很简单，生活经历就是世界的全部。[……]我觉得我的幻想世界不足以自圆其说，所以需要一个蓝图。我年轻时曾有多年在让文学和某种理性共存这个无解的问题上大动肝火，这并非无病呻吟。这是一个人为的问题。但是总比没有问题好，因为只有面对一个需要解决的问题时，写作才有意义。（1978）

对客观性的渴望深深植根于卡尔维诺的作品中，经历了二十年的发展，最终以充满遗憾的《美国讲稿》宣告结束：

[……] 也许有可能从我们自身之外构想一部作品，它可以让我们摆脱个体自我的局限视角，让我们不仅可以进入与我们相似的其他自我的内心，而且还可以让无言之物开口说话，栖在屋檐的鸟，春天的树木，秋天的树木，石头，水泥，塑料……（1985e）

上图：1975 年，卡尔维诺夫妇与一群朋友在巴黎。右起第二位是古巴作家卡洛斯 · 佛兰基。

下图：二十世纪七十年代中期，卡尔维诺与妻子在纽约。

左图：二十世纪七十年代中期，卡尔维诺与妻子在巴黎。

上图：1975 年，卡尔维诺绘制的两幅滑稽自画像。

在一场面对学生的讲座中，卡尔维诺从个人原因和谦逊的公共服务使命的角度出发，十分清晰地解释了他工作的意义：

我写作是因为我没有经商的天赋，我不擅长体育运动，我不擅长很多其他事情；用一句（萨特的）名言来说，我就是“家族里的白痴”……通常，写作的人是这样一个人，在他想做的很多事情之中，他把坐在书桌前并将头脑中所想之物付诸笔端视为一种实现自我和沟通的方式。

可以说，我写作就是为了沟通，因为写作是一种方式，通过这种方式我可以传达一些东西，一些从我身处其中的文化、生活、经验和文学中产生的东西。文学先行于我，而我赋予它很多个人的东西，赋予它通过人类传递并再次流传的经验。这就是我为什么写作：使我成为某事某

保罗·瓦莱里

伊斯法罕市谢赫·劳夫清真寺（17 世纪）的米哈拉布局部图。

“刻有浮雕的门框上方是镂空雕花的下楣；缘门框两侧而上的是内凹的中楣，上面刻有阿拉伯式花纹的浅浮雕，浮雕上方则书写着一行龙飞凤舞的文字，仿佛悬浮在空中。所有部分都是由浅色的灰泥建造而成。门楣之下是一道带沟槽的拱门缘饰，将尖拱式的山花框在其中。山花则由细柱托起，上面刻满了字符。边框上，每寸空间都布满了各种装饰、镶嵌、孔洞，犹如多孔的海绵。透过山花正面的细柱和尖拱，向内便是被挖空的背景墙面，上面遍布精细的雕刻，高耸的过梁之上是尖拱穹顶，同样精工细雕。言至此，我们不得不再搬出前面那套说辞，将这些细小但又极为相似的结构细节再次描述一番。可是，重重拱门之后的那座拱门里面，我们能看到什么呢？一无所有，只有一堵光秃秃的墙。”（1984e）

物的工具。当然这一工具肯定比我强大，它是人类观察、判断、评价、表达世界的方式，让世界通过我进行传递并再次流传的方式。它是一种文明、一种文化、一个社会存在并吸收经验再让其流传的诸多方式之一。（1983b）

两年后，一家法国报纸问他“您为什么写作”时，他回答说：

1. 因为我对我已经写完的作品不满意，我想怎样才能修改它，完善它，找到一个替代的解决方案。从这个意义上说，不存在我“第一次”开始写作。写作总是意味着试图删掉已经写好的内容，并把一些我尚不清楚能否完成的内容放上去。

2. 阅读某本书（古代或当代的某本书）会让我发出感慨：“啊，我好想写一本像某书一样的作品！可惜这完全超出了我的能力！”于是，我尝试着想象这项不可能的壮举，我会想到我永远不会写但我希望能够读到的一本书，能将它与其他心爱的书籍并置在书架的理想位置。这时，已经有些词句跃入我的脑海……从这一刻起，我不再去思考某书，也不再考虑其他可能的创作模式。我转而考虑那本书，那本我还没有写出来，但可能属于我的书！于是，我开始试着写……

3. 我写作是为了学习那些我不懂的东西。我指的不是写作艺术，而是其他东西：某项知识或某种特定能力，或者某种被称为“生活经验”的普通知识。引起我写作欲望的，并非我想教别人我所知道或我认为我知道的东西，而是我自己痛苦的知识短板。所以，我的第一个冲动是假装自己具有某项能力而进行写作。但是为了装得像模像样，我必须以某种方式来积累基本知识和各种观点，我必须能够想象出经验缓慢积累的

卡尔维诺在墨西哥的蒙特阿尔班遗址。

过程。这些我只能付诸笔端，我希望至少能用笔捕捉到一些我在生活中触之即失的知识的痕迹。（1985f）

与往常一样，一旦话题触及“最高体系”，卡尔维诺就会化繁为简，用讽刺的方法来降低话题语调。正是卡尔维诺本人为我们提供了他采用的特殊笔调的使用说明：“讽刺意味着以一种稍带怀疑、适度轻松的心情阅读我写的东西。因为有时我碰巧使用了其他的语调，所以我用讽刺口气说的才是重要的东西。”（1978）

几年后，在谈到帕洛马尔时，卡尔维诺想要阐明他持这种态度的原因：“福楼拜嘲笑他笔下的角色完全缺乏讽刺。然而我的人物会带着嘲讽的眼光看待自己。我觉得这是根本的区别。在看待人类的愚蠢时，我

东京地铁的两张照片。

“我正在等待从东京开往京都的新干线。车站的站台上标示了列车停稳后每个车厢门所对应的位置。所有人的座位都是预订好的，在列车到站前，乘客们就已经等候在画好的白线内，排成一行行与轨道垂直的队列。”（1976a）

没有福楼拜式的嘲讽态度。我不知道我是否做到了真正的悲天悯人，但取笑别人的不足不是我的本性。然而我可以戏弄那些某些方面有富余的人。”（1985g）

他还说：“可能，我在刻画这个人物的时候，我的脑海中也想着泰斯特先生。但是，泰斯特先生是纯粹的精神体，因此与帕洛马尔是完全相反的类型。帕洛马尔完全倾注于外部世界，倾注于万事万物，在才智方面，他不像泰斯特先生那样有十足的信心。同时，泰斯特先生也非常人性化，也许比帕洛马尔更加人性化。与帕洛马尔不同，泰斯特先生是遭受身体上的痛苦的一个人，而我认为帕洛马尔从来没有提到他的身体。然后，通过他妻子对他无条件的钦佩，泰斯特先生可以成为一个备受尊崇的对象。然而，如果不通过持续不断的讽刺，帕洛马尔就是不可以想象的。”（1985g）

早在二十世纪六十年代，卡尔维诺就已经是《意大利日报》的合作者。1974 年，卡尔维诺开始在《晚邮报》（此时，奥托内担任报社社长）上发表故事、旅行报告、政治时事评论，这一合作一直持续到 1979 年。在初期的作品中，最引人注目的是带有自传性质的《一场战争的回忆》。这部作品回顾了 1945 年 3 月 17 日的战役，意大利游击队试图攻占圣雷

莫腹地的战略中心巴亚尔多。1975 年 8 月 1 日，卡尔维诺发表《长颈鹿奔跑》，拉开了帕洛马尔系列故事的序幕。这一时期比较重要的还有因去伊朗、墨西哥和日本旅行而创作的文章，这些文章后来都收录在《收藏沙子的旅人》中。

卡尔维诺与《晚邮报》的合作引来福尔蒂尼的注意，后者成为他永恒的对手与对话者。卡尔维诺如此说：

> 我当然不能跟兰多尔菲的一致性相比。最近几年我甚至还为《晚邮报》写了些社论，这意味着我的一部分，一个严肃的、被福尔蒂尼定义为“高贵之父”的语调的发声体，始终活跃其间。我对此并不是很满意。我更愿意让这位高贵之父退休，而用心经营我的其他形象。也许，还是福尔蒂尼的话：做一个他的一首旧诗中所说的“愤青”。（1978）

1979 年 12 月，《如果在冬夜，一个旅人》出版，卡尔维诺开始与《共和报》展开合作。他在《共和报》上发表的第一篇长篇文章题为《我也曾是斯大林主义者？》。在合作期间，他发表的文章多是因书籍、展览或文化事件而产生的反思，对政治时事的评论较少，除了预言性的文章《腐败之地的诚实寓言》。

尽管卡尔维诺的文章都由偶然事件引发，但却从不是临时拼凑的即兴之作，文章始终坚守一种信念。在 1960 年写给弗朗索瓦·瓦尔的信中，卡尔维诺如实描述这一信念：“我所关心的，也是我唯一想传授的，是一种观察方式，也就是置身于世界之中。”与文章简洁凝练相对应的是一种固有的倾向，即追求他曾在《美国讲稿》中提到的“必要的、独特的、凝练的、简洁的、令人难忘的”表达：

在长篇作品中很难一直保持这种张力。另外，我的性格更适合写短篇文章：我的作品大部分是短篇小说。比如，我在《宇宙奇趣》和《零时间》中进行的试验，以叙事的形式讲述时间和空间这样的抽象概念，这一切只能在短篇小说的篇幅中进行。但是，我还试验过更短的作品，介于寓言故事和散文诗之间，减少了叙事发展，比如《看不见的城市》和最近的《帕洛马尔》。当然，文本的篇幅长短只是外在标准，我所谈论的是一种特殊的密度。虽然在长篇叙事作品中也能达到这种密度，但是其恰当长度也不过一两页。

我对短篇的偏爱，只因为我遵循了意大利文学的传统。意大利文学中长篇小说作家寥寥无几，但诗人不可胜数。这些诗人即使写散文，也会尽其所长，将创作精华与思想浓缩到短短几页，比如莱奥帕尔迪的《道德小品集》——在其他国家的文学中，没有可以与之比肩的。（1985e）

简洁是卡尔维诺为写作规定的必要条件之一，与乌力波严格的创作规则一致，这让他“梦想着那些长篇巨幅的宇宙学著作、传奇故事和英雄史诗能够浓缩到短诗的篇幅。在社会节奏日益加快的时代，文学应该力争做到诗意与思想的最大凝练”。鉴于此，他以博尔赫斯和比奥伊·卡萨雷斯主编的《世界奇异故事集》为例，希望“编写一部故事集，其中每篇故事只有一句话或一行文字。但到目前为止，我还没有发现哪篇故事能够超越危地马拉作家奥古斯托·蒙特罗索的作品：‘当他醒来时，恐龙还在那里。’”（1985e）

表达的这种必要效率是促使卡尔维诺更接近蒙塔莱的原因之一。蒙塔莱是卡尔维诺“始终追随的唯一哲学家”，“自青春时代就喜爱的诗

人”，“极其重要”的道德承载者，因为“在一个通用语和抽象词的时代，文字被用于所有用途，而有些文字既不用于思考也不用于说话，一种语言瘟疫从公共空间传播到私人空间。而蒙塔莱是一位用词精准的诗人，术语运用总是不错毫厘，能够确切地捕捉到一切体验的独特性：“一个点，一只胭脂虫，/ 在榅桲树上耳赤面红，/ 我们听见小马被马刷刷得嘶鸣，随后瞬间入梦。”（1981b）

左图：1973 年，卡尔维诺在都灵。

右图：1971 年，卡尔维诺与埃乌杰尼奥 · 蒙塔莱。

散文与诗歌之间的关系，蒙塔莱所倡导的表达必要性，启发卡尔维诺反思小说是什么：

在我们这个世纪，在散文领域，意大利最重要的作家是那些接近诗人的作家。有些人既是叙事文学家又是诗人，比如阿尔多 · 帕拉泽斯基，我一直很喜欢的一位作家。帕韦塞的做法与其他人还不同，他的诗歌的路线与小说和散文相关，尤其与当代美国文学息息相关。但同时，他的

小说写得像诗歌，也就是说那些重要的东西是带有节奏感的语句、他的词语发明、他的简洁明了。对于小说的传统而言，凝练且令人难忘的表达并不重要，这与意大利的传统有点格格不入。只要想想，我们的第一部长篇小说《约婚夫妇》，这部小说中满是令人难忘的语句，这些语句都已经变成了格言。意大利作家的野心是让人将其作品牢记于心。我必须说，让人深铭肺腑的不仅有《约婚夫妇》，还有《木偶奇遇记》。《木偶奇遇记》是第一本所有意大利人都读过的书，它的许多表达都成了格言。

阿尔贝托·莫拉维亚强烈反对意大利文学的这一形象，他认为小说家是另外一回事。在他的访谈和他的理论著作中，他总是说，作家和小说家是两个不同的类别，作家致力于片段和语句，小说家只管讲一个故事。莫拉维亚自称是小说家，他认为，意大利文学所缺乏的正是小说家，因为作家一直有很多。从他的观点看，他是正确的，并且他的说法让我意识到，也许我永远成为不了小说家，因为我对"如何"写作过于感兴趣。（1985g）

如果散文与诗歌之间没有真正的对比，那么小说与非小说之间的界限在哪里？在《帕洛马尔》中，卡尔维诺似乎通过高超的观察力，以最佳的方式消除了二者的区别，但他仍然十分谦逊：

我一直与我的那些非小说类作品有着复杂的关系。叙事文本，无论好坏，一旦我写完，它们是什么样就是什么样了，我再也不会去碰它们一下，也不会假装它们不是我写的。一旦故事或小说成形，它们就有了稳定性和独立性，它们有权在那个我再也无权干涉的世界中传播。而有关反思的文本，我则永远无法与之分离，无法一锤定音：它们具有口头讲话的流质性，它们受制于推理时的疑惑，受制于评判的中止，甚至受制于口头表达的发音失误。即使当我进行不容置疑的陈述时，我仍然觉得内心深处在口吃。（1980e）

一位诗人“专门用散文体裁创作”短文，用以描述简单的日常物品，他与卡尔维诺的美学严谨性完美契合，他便是弗朗西斯·蓬热（1899—1988）。卡尔维诺筛选了蓬热的三首散文诗（《肥皂》《煤炭》《土豆》），并对其进行了翻译和评论，将其编入扎尼凯利出版社出版的中学读物《文学》（1969年）中；1979年，卡尔维诺在《晚邮报》上发表长文，致敬蓬热。在保存他的众多创作计划的文件夹中，有一个计划便是创作一部题为《物品》的合集。

卡尔维诺将蓬热定义为“我们这个时代为数不多的伟大贤哲之一，为数不多的基础作家之一，以他为标杆，我们就不会原地兜圈子做无用功”。卡尔维诺喜欢蓬热“认同事物的能力，仿佛一个人走出自身，去体验成为事物的感觉。这牵扯到与语言的斗争，就像一条不是这边长就是那边短的床单，需要不停拉扯、翻卷，语言则总是倾向于说得太少或太多。这让人想起莱奥纳多·达·芬奇的著作，他在某些短文中也努力尝试描述火的爆燃或锉刀的刮擦声”。（1979c）

卡尔维诺在文集中解释说：

描写一个熟悉的事物似乎是世界上再简单不过的事情。然而，试着观察一下目及之处的任何东西，一块手表，一辆自行车，甚至更简单的东西，比如卷笔刀、雨伞，你们就会发现，如果想说明白哪怕一个小细节，然后是细节的细节，就必须洋洋洒洒地写上好多页。当然，最重要的是

上图：弗朗西斯·蓬热。

右图：卡尔维诺在巴黎的家中。

抓住本质：即使是物体，也跟人一样，具有将自己与其他所有物体区分开来的特征，并且这些特征并不总是一目了然，或让人立刻就能想到的。

简而言之，描述简单的对象值得成为一位伟大作家的写作主题。例如，这里是法国诗人弗朗西斯·蓬热的三首散文诗。蓬热在当代诗人中独树一帜，因为他睿智又深情地关注着那些最不起眼的事物：一支香烟，一杯水，一颗鹅卵石，一块烤肉。蓬热思考每样事物的形成，就像阅读书籍一样阅读它们，有时他通过观察事物进而更深入地了解自己，认识世界。在我们阅读过蓬热和任何其他作家的作品之后，我们就会震惊于蓬热专注的观察力，而其他作家往往提及一样事物，泛泛而谈几句就草草结束了，从不关注这样事物究竟是如何形成的。

下面便是卡尔维诺翻译并改编的《肥皂》选篇：

自然界中没有任何与肥皂相似之物。没有哪块石头会像肥皂那样，在沾了水之后就很容易从手中滑落，即使你能握住它，它也发生奇怪的反应：产生大量珍珠母一般色彩斑斓的黏液，一簇簇一团团的小泡沫。肥皂把水分、手指周围的空气吸进这些散发着人工芳香的气泡中，将大量空气不断拥入彩虹色的怀抱，就像极具说服力的迂回语，又像浮夸的委婉语，带着夸张、兴奋、多变的语气——这简直就是低温沸腾。肥皂是人类制造出来的，它的任务就是不断消耗自己的身体，为人所用，但肥皂不甘心就这样俯首听命：只有它躺在肥皂盒里，它才会变得惫懒倦怠，否则，它一会儿像鱼一样从手中溜走；一会儿它又沉入盆底，宛如一只青蛙。它以牺牲自己结实的躯体为代价，飘逸出一朵朵瞬间即逝的美丽云彩。

卡尔维诺作品的外译本封面：纽约哈考特·布雷斯·乔万诺维奇出版社出版的《困难的爱》（1984年）和马德里西鲁埃拉出版社出版的《分成两半的子爵》（1989年）。

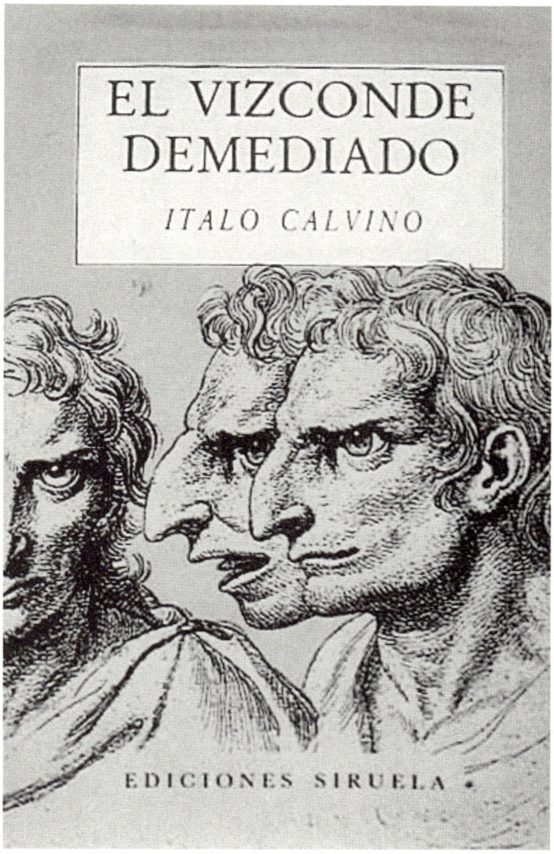

1978年意大利里佐利出版社出版的色诺芬的《万人远征记》，卡尔维诺为该书作序。

“我学会了在受人委托、要求我按某个特定目的、哪怕是个微不足道的目的而写作时享受其中乐趣。至少我确切地知道我写的东西对某些人有用。我觉得更加自由，不再有把我自己都不确定的主观性强加给其他人的感觉。我相信写作的绝对且必要的个人主义，但为了让个人主义发挥作用，就必须把它藏在那些否定它或者至少是与其对立的一些东西中。”（1978）

当暴露在阳光下时，它的脸就会变得干燥、坚硬，长满皱纹，皮肤皲裂。若它被遗忘在此，无所事事，它的才能却会因此毫发无损地保留下来。但一接触水，它就会立即行动自如，柔若无骨，变得身手敏捷、变化无常、能言善辩。但这种热情让它付出了沉重代价：它立即开始消散，变得消瘦，以惊人的速度自我损耗。

肥皂赋予了我们双手真正使用水的能力，一丝不苟地利用水的能力。肥皂使我们的手成为依恋、呵护、注视的对象。它通过夸耀自己的面纱、裙裾、舞会礼服说服水与我们的双手共舞。（1969a）

通过翻译蓬热的基础描写之作，或用意大利语重新创作格诺令人眩晕的语言游戏，卡尔维诺触及了他的文学思想的另一个核心时刻：表现力是不同语言无穷无尽的相遇与碰撞，通过差异比较，它们使对方变得熠熠闪耀。因此，翻译的深层含义是什么呢？

翻译是一门艺术：无论文学文本的价值如何，将其转化成另一种语言，每次都需要一些奇迹。众所周知，根据定义，诗歌是不可翻译的；但真正的文学，即使是散文，也正是在每种语言不可翻译的边缘上被翻译过来的。文学翻译者是耗费自己全部的精力来翻译不可翻译的东西的人。

任何用意大利语等非通用语种写作的人迟早会痛苦地意识到，他与读者之间的交流依赖于犹如蛛丝一样细的线，只要改变单词的语调、顺序和节奏，交流就会失败。有多少次，在阅读译者翻译的我的作品的译文初稿时，我会对译文产生一种奇怪的感觉：这些都是我写的？我怎么会写得如此平淡乏味？我转头去重读我的意大利语文本，与译本进行比较，我就发现，可以说这是一篇忠实于原文的译文，但是，我在文本中使用了一个略带讽刺意味的词，译文却没有体现出来；我的文本中的一个从句节奏非常快，但译文中这句话被赋予了不恰当的重要性，并且沉重拖沓；我的文本中一个动词的含义因句子的句法结构而模棱两可，而在译文中它却带着断然肯定的意味——总之，译文传达的内容与我所写的内容不符。

而这些都是我在写作时没有意识到的，直到现在我因为译文而重读自己的作品才发现。翻译是阅读文本的最好方式，我相信这已经是老生常谈了。我补充一点，对于作者来说，反思自己作品的译文，与译者讨论，是阅读自己、理解自己所写内容及其原因的最好方式。[……]

有些问题普遍存在于任何语言的翻译艺术中，有些则是在翻译意大利作家作品时会遇到的特有问题。我们必须从意大利语作家的角度去思考，他们即使用自己的语言写作，也总会遇到问题。写作从来都不是一种自然的行为，它与口头表达几乎没有关系。

经常与意大利人打交道的外国人肯定会注意到我们讲话的一个特点：我们经常不把话说完整，只说一半就不说了。或许，美国人对此并不敏感，因为美国人也喜欢讲断句，喜欢用感叹词和一些没有实义的习语。但如果遇上讲话总是有首有尾的法国人，总把动词放在句末的德国人，或者句子构建要求准确的英国人，我们就会发现，口头意大利语总是半半拉拉，如果我们要把它转录成文字，就必须不停地使用省略号。然而，写作需要把话说完整，所以，写作所使用的语言与日常口语完全不同。作者必须写出表达某种意思的完整句子，他们无法逃避这一点，他们必须言之有物。政治家讲话也必须完整，但是他们的问题与作家恰

“如果没有我，我可能会写得很好！如果在白纸与升腾跌宕的词语和故事之间没有我这个碍手碍脚的人，所有词语和故事都自生自灭，不用任何人写，那该多好啊！风格、品位、个人哲学、主观性、文化背景、生活经历、心理、才能、写作技巧：所有这些因素都让我所写的东西打上了我的烙印，我觉得它们就是一座牢笼，限制了我的可能性。假如我只是一只手，一只执笔写作的断手……那谁来操控这只手呢？一群匿名人士？时代精神？集体无意识？我不知道。我之所以要取消自己，并不是要成为某些确定事物的代言人，只是为了传达那些亟待书写的内容，那些无人言说的可说之事。”（1979b）

恰相反，他们讲话是为了言之无物。我们不得不承认，政治家在这方面实在是登峰造极。知识分子通常也能把话说完整，但是他们所讲内容十分抽象，与现实毫无联系，并且会引出其他抽象话题。所以，意大利作家身处这种境地：他们使用的语言与政治家的完全迥异，与知识分子的也截然不同，他们也不能用日常口语，因为那样表达的意思会含糊不清。

因此，意大利作家总是或时常处于语言神经症的状态中。在开始创作之前，他们必须先发明用于写作的语言。在意大利，与词语之间的关系不仅对诗人来说至关重要，对散文作家来说同样非同小可。与其他伟大的现代文学相比，诗歌曾经是并且依然是意大利文学的重心。与诗人一样，意大利散文作家也对自己作品中的单个词语或诗句有着很深的执念。如果作家不是有意识地执念于此，那就意味着他诗兴大发，如同诗歌是自动创作出来的一样。

这个语言问题已经成为我们这个时代精神的基本要素。因此，意大利文学是伟大的现代文学的重要组成部分，它值得我们阅读和翻译。因为意大利作家与大家印象中的不一样，他们从来不会欣喜若狂，充满快乐。在大多数情况下，他们总是带着一种忧郁的气质，但又具有一种讽刺的精神。只能这么说：面对我们这个时代的萧条与罪恶，面对我们这个时代人性的普遍状况，意大利作家用讽刺来捍卫自己，在世界的舞台上上演一部部讽刺怪诞剧。也有一些看似活力四射的作家，但这种活力实则是一种深深的悲伤，有着阴暗的基调，笼罩着死亡的气息。这就是为什么，无论翻译意大利语作品有多艰难，都值得去做。因为我们要在无尽的绝望中尽最大可能快乐地活着。如果世界变得越来越荒谬，那么我们唯一能做的，就是赋予它一种风格。（1982a）

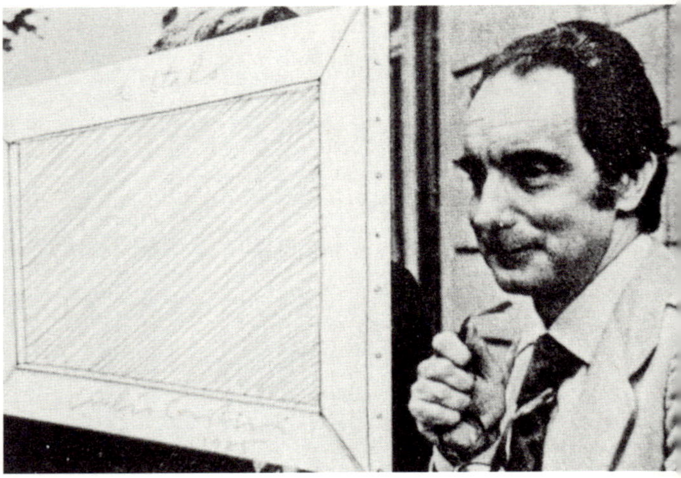

朱利奥·保利尼的两幅作品:《D867》(左图)与《卡尔维诺在欣赏保利尼的画》(右图)。

速度乃文章的精髓，这是卡尔维诺写作之初就不断力求完善的一件事。他年轻时，在一本小画本上画速写，那些速写同时也是一些简短的或微型的故事。漫画的效率，即必须将大量的消息与事实集中在有限的空间内；电影故事的速度，即节奏的紧迫性，全靠剪辑技巧取胜。他从这二者中学会了很多。在《美国讲稿》中，卡尔维诺回忆起《少年画报》上的漫画，说它们就是“一所学习编写故事、叙事风格和营造形象的学校”。从那时起，他对具象艺术的兴趣日益浓厚，具象艺术成为同一写作主题下的其他形式的延伸或变形。因此，他偏爱的艺术家中有保罗·克利——克利的绘画似乎经常归结为一个表意符号或一个故事（卡尔维诺经常用克利的画做他的书的封面插图）；有朱利奥·保利尼——这是一位“概念性”的画家，他从未停止思考他的工作方式；还有福斯托·梅洛蒂——这位雕塑家创作的线状结构与空灵几何感似乎是为《看不见的城市》量身定做的。也可能还有毕加索（《我们的祖先》的护封插图用的就是毕加索的画），卡尔维诺会引用毕加索的作品来使文章结构更加清晰。在卡尔维诺的作品中，现实与幻想经常完美地结合在一起，因而他反对现实与幻想的绝对对立。他曾写道：

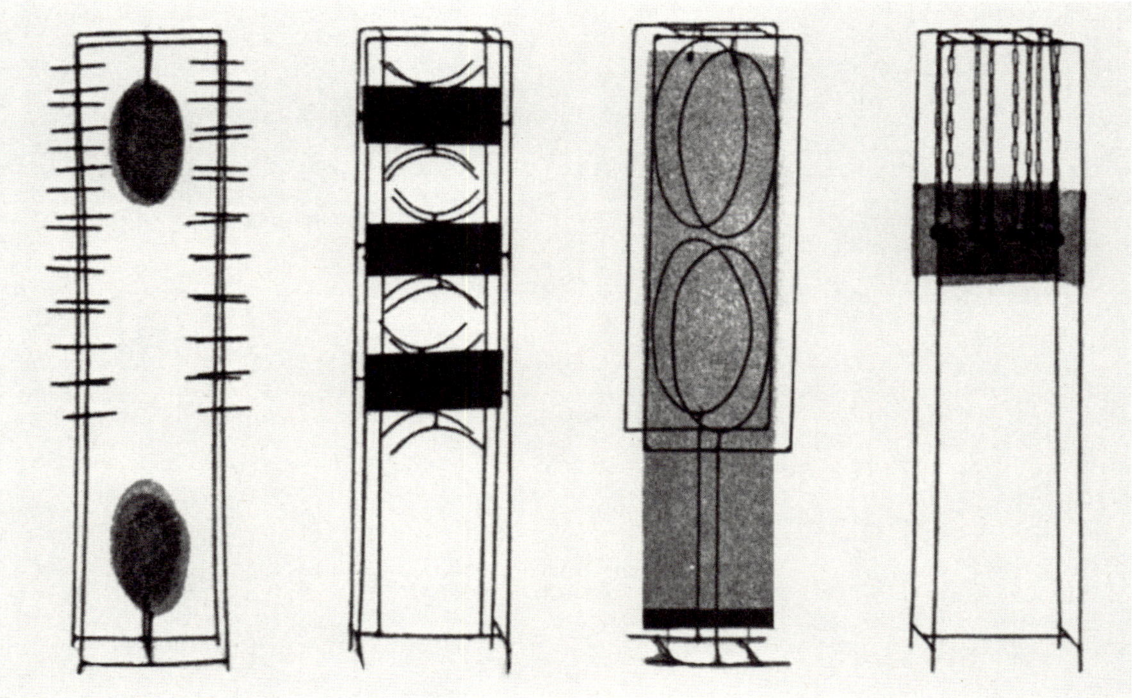

福斯托·梅洛蒂的雕塑作品。

我们生活在一个以语言多样性为基础，尤其是以这种多样性意识为基础的文学文化中。那些有且只有一种表达自己的方式，并且总是对这种方式感到自信和满足的人是幸福的。但毕加索也是幸福的，他在一种独一无二的自由兴奋中同时运用最多样的语言，并且他始终是毕加索。（1957a）

但与他最为志趣相投的艺术家是索尔·斯坦伯格，他那双手灵巧无比，既会写作又擅长绘画。

第一个将自己所从事活动的工具和动作当作作品真正主体的人，是十三世纪的一位诗人圭多·卡瓦尔坎蒂。他曾创作了一首十四行诗，其中以第一人称叙述的正是那些鹅毛笔和用来修剪鹅毛笔的工具。诗歌一开头就直接点题：

保罗·克利的作品《〈水手辛巴达〉中的战斗场景》，卡尔维诺将此画用作《短篇小说集》的护封插图。

“克利是一位具有强大影响力的艺术家，他的每一幅画都独辟蹊径，所以肯定会被人模仿剽窃，这就是他的榜样力量。他献身于未来艺术。他只是开辟道路，可能他自己对发展这条道路并不感兴趣，因为他立刻又忙于开辟其他新的道路，所以他所做的一切都是为他人做嫁衣，不过他对此并不在意。［……］

“当我在博物馆中发现克利的孤品画作或复制品时，我就会专注地欣赏它，但克利的整体形象仍然是形式多样的，犹如浩瀚的宇宙，总是非常容易识别。克利的作品如此丰富多彩，但同时又从不折中——他永远是他。［……］绘画一直是推动我自我革新的动力，是一种自由创作的理想，不断去做新事情同时又一直做自己。从这个意义上来说，克利对我而言非常重要。［……］

“我想说，克利属于一个具有绘画人类学灵感的时代。毕加索和立体派艺术家追求原始艺术、黑色艺术，克利则看重儿童绘画。有人可能会反对说，这一点是显而易见的，并没有什么深度可言，因为其作品中含有大量绘画知识，不过这些绘画知识被应用于一种直接描绘，即幼儿式绘画或史前壁画。”（1980f）

我们是悲戚而沮丧的鹅毛笔，

痛苦的剪刀与小刀……

诗人（“操控我们的那只手”）太绝望了，以至于除了叹息，什么也做不了。写作工具直接与男读者交流（或许是跟女读者交流，她就是前面的那首十四行诗和当前的叹息的接受者；又或者是与第三者，某个公正的见证人进行交流），并希望得到同情。[……]

斯坦伯格捡起圭多·卡瓦尔坎蒂丢下的鹅毛笔。那支笔才是绘画行为的主体。每一条线都必须有一支勾画它的笔，每一支笔都必须有一只握住它的手。手的后面有什么，这是个有争议的问题：画者“我”最终与被画者“我”融为一体，“我”并非主体，而是绘画行为的客体。或者更确切地说，绘画的世界每次都在进行自我绘制、自我探索和试验，每次都对自己进行重新定义。（我相信，物理宇宙也是以同样的方式前行。）

绘画出的世界带着与生俱来的专横，它侵占整张桌子，捕捉与它相异的东西，将所有的线条统一到它的线条里，然后在纸张上蔓延……不，

《不存在的骑士》的护封插图采用的是毕加索的画作。“毕加索就是那惊天大盗，他是绘画史上的墨丘利，因为他总结了绘画史的天下，掌握、评论并综合概括了最多样化的世界。”（1980f）

1979 年，卡尔维诺在斯波莱托与卡洛·金兹伯格、萨尔瓦多·塞提斯一起介绍埃伊纳乌迪出版社出版的新书《意大利艺术史》。

是外部世界成为纸张的一部分：鹅毛笔、手、艺术家、桌子和猫，一切都像被旋涡卷入画中，桌子上所有的文件、信件、信封、明信片、邮票、印章、印着拉丁格言和半截金字塔上方有一只眼睛的美元纸币……不，构成绘画符号的物质，揭示了它才是构成世界的真正物质，那些密密麻麻的花边、花叶饰、文字线条，既狂热又神经质，取代了所有其他可能的世界……（1977d）

在卡尔维诺生命的最后十年中，他还围绕着切萨雷·佩韦雷利、德尔·佩佐、博尔博托尼、德·基里科、瓦莱里奥·阿达米、阿尔贝托·马涅利、多梅尼科·格诺利、莱昂纳多·克雷莫尼尼、恩里科·巴伊等艺术家展开创作。作品均为虚构故事，是受到艺术作品启发而创作的平

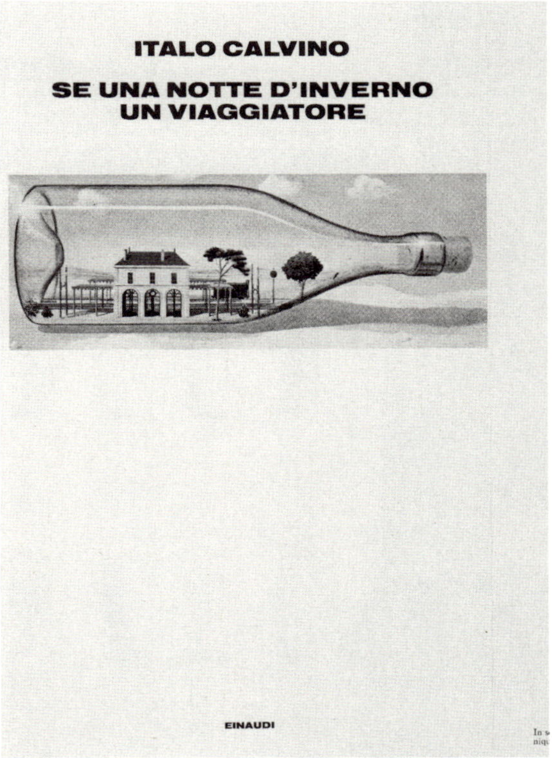

《如果在冬夜，一个旅人》（1979 年）的护封，插图为多米尼克·阿皮亚的《站长的秘密》。

“试图创作一系列‘作者不明’的小说……我的这个念头贯穿《如果在冬夜，一个旅人》的始终。这是一部关于阅读乐趣的小说，主人公是男读者，他先后十次开始阅读一本书，但由于种种阴差阳错，他每次都无法读完那本书。”（1984g）

行故事，其中城市主题最为常见，几乎是对《看不见的城市》中已经出现的探索目录的奇幻拓展：“有一座城市，那里的所有墙壁都由玻璃制成……”，“有一座城市，在那里无论谁抬头都可以看见天空中有一座一模一样的颠倒过来的城市……”（佩韦雷利）；“威力杰尔玛是一座城市，”一位戴着大礼帽的旅行者说道，“除了它的棱角，我什么都不记得了……”（德尔·佩佐）；“午后，寂静进了城……”（博尔博托尼）。很多艺术家的作品都给卡尔维诺带来了创作灵感：斯坦伯格的时间膨胀的变化、瓦莱里奥·阿达米的四个寓言故事、马涅利和格诺利对一些无生命物质和日常用品的认同感。

这种如同卢克莱修一般对物质的关注，是卡尔维诺晚年的典型特征，在解读阿尔布雷希特·阿尔特多费尔的《圣乔治屠龙》时反复出现，成

法比奥·博尔博托尼的画作《斯特罗奇宫》。

“午后，寂静进了城。寂静穿过一道道带塔楼和城堞的大门，占领了拱形敞廊，贴着墙壁掠过街巷，倚在体育场的阶梯座位上，又挤满了沟渠。[……] 窗户构成了寂静。那些窗户或敞或闭，连绵不断，数量庞大，与少得可怜的人构成鲜明对比。窗户的存在意在说明，建筑物外面的每一种寂静形式都有一个内部，内部也由寂静构成。窗户是内部与外部的连通器，它将内部与外部的寂静内容拉平：外部的寂静侵入内部，填满所有通道与空隙，内部的寂静溢出，淹没了所有物体，浸透了所有光与影。”（1983d）

阿尔布雷希特·阿尔特多费尔的《圣乔治屠龙》（收藏于慕尼黑老绘画陈列馆）是卡尔维诺如何解读艺术作品的范例。

“阿尔布雷希特·阿尔特多费尔的这幅画[……]比人们在看过复制品之后想象出来的要小得多，但它的画面细节如此丰富，以至于可以通过柔软的、坚硬的或羽状的树叶来识别树木种类，画笔轻轻一刷便带来了清风阵阵。显而易见，这幅画的主题是森林；圣乔治与龙的传说只不过是一个托词；不过这并不是没有人物的纯风景画——所有纵向展开的线条与色彩只不过是集中在画面底部的人物的背景：骨瘦如柴的骑士黑乎乎的，像极了甲虫，白马前蹄腾空，看不出原来形状的巨龙则瘫倒在地。”（1984f）

维托雷·卡尔帕乔，《圣乔治勇斗恶龙》（收藏于威尼斯的圣乔治信众会会堂）。

为人类棋子在世界（和书页）棋盘上所占据（必须占据）位置的反映。

如果杰出的画作也是取之不尽的故事宝藏，那么卡尔维诺更喜欢对像维托雷·卡尔帕乔这样的叙事画家的作品进行解读和重新诠释：他以圣乔治和圣哲罗姆为主题的几组画作代表了“两种互补的生活理想，即作为行动的生活和作为知识的生活，对身体的控制和对智力的控制”。

影响一个人一生的艺术作品有两种：一种是我们看过之后就深深地印入脑海，给我们留下的形象或忠实或变形，不过我们始终对此深信不疑；一种是我们会反复欣赏无数次的作品，这些作品每一次都会展示

新的细节，给我们讲述新的内容。

可以说几乎每次我回到威尼斯，我都觉得有必要去参观圣乔治信众会会堂，欣赏一下卡尔帕乔的那些画作。几乎可以说我是在重新阅读这些画，不仅仅是因为它们是叙事画，每幅画都在讲述一个故事，还因为它们由许多微小的图形组成，这些图形以线性序列分散开来，犹如密密麻麻的文字符号，从它们的角度来看，可能是遵循着一种时间顺序。

[……]在这里会看到动物的骨头，男孩女孩的遗骸，它们处于不同的风干阶段或刚刚被开膛破肚……这些受害者都是东方城市塞勒涅的居

“这里的环境（卡尔帕乔的画作《圣奥古斯丁在工作室里》，现存在圣乔治信众会会堂，画作中展现有圣人工作室）我熟悉得就跟在我的书房一样，我像在自己的书房里一样四处转悠，寻寻觅觅，仿佛我刚离开这里片刻。我来回走动，试图让自己沉浸在宁静的环境中……”

民，每天都会有人成为恶龙的盘中餐……恶龙令人毛骨悚然，青黑色的身躯似乎是各种爬行动物的组合体，绿蜥蜴、蟾蜍、蝾螈、吞食青蛙的毒蛇，它似乎正在躲避猛犬的撕咬……所有这些细节都是前情提要。轮到献祭国王的女儿了，惊恐的人群从宫殿、清真寺和宣礼塔的楼台上向外望去……此时，圣乔治面带行刑者特有的认真而固执的冷漠表情闯入画面，他骑着一匹黑马，马背上配有红色的皮制马具，缰辔上别着罗马奖章，骑士将一根超长的长矛刺入怪物的上颚，并用力旋转，直至长矛穿透其头颅。

对于一位作家而言，会有很多大师对他的诗意世界、想象力、风格以及叙述方式产生影响。如果这些大师中有一位举足轻重的画家的话，那么对于我早期的文学活动来说，毫无疑问那位最重要的画家就是卡尔帕乔。不过，我不得不说，他不断向我提出问题，以至于我觉得有必要回过头去咨询他，去检验我是否真的理解他，是不是他对我口传心授，而我却没有领会。

[……]于是，我再次回头去查阅这位专心治学的文人（关于他的身份一直存在争议，你可以称他圣哲罗姆，或者圣奥古斯丁）的书架，我再次翻阅那些羊皮纸和摩洛哥皮装订的书卷，观摩那些青铜小雕像、古董藏品、星盘、旋转书桌、太阳系天体模型、沙漏、乐谱，以及桌子上的物品：墨水瓶、剪刀、铃铛、贝壳。这里的环境我熟悉得就跟在我的书房一样，我像在自己的书房里一样四处转悠，寻寻觅觅，仿佛我刚离开这里片刻。我来回走动，试图让自己沉浸在宁静的环境中，但我也感到一阵不知因何而起的紧张。此处，专注与超脱凝成了寂静，井然有序中又震颤着一丝紧张不安，四处都是翻开的书，仿佛它们自己在翻页，

一道光透过窗户斜射进来，悬浮在房间半空，又碰到马耳他犬仰起的鼻尖而震荡开来……

简而言之，多年来，我在这些墙壁上所见的卡尔帕乔总是日异月殊，仿佛这些画布有反映我们内心变化的能力。

不过，在进行任何个人阐释之前，我想先回顾一下这些画作的起源。圣乔治信众会会堂，即威尼斯达尔马提亚水手协会，曾要求卡尔帕乔绘制一系列关于达尔马提亚人的守护神的生活场景。因而，十六世纪初，1502年至1507年间，在卡尔帕乔完成的画作中有两组关于圣乔治与圣哲罗姆的画，每组画有三幅。圣乔治与圣哲罗姆，一位是传奇人物，一位是历史人物，知识渊博的教父，难以想象这两个截然不同的人物题材如何能结合在一起。不过，正如英国评论家约翰·罗斯金所言，卡尔帕乔笔下的这两组绘画代表了两种互补的生活理想，即作为行动的生活和作为知识的生活，对身体的控制和对智力的控制。

我们可以看到，圣乔治的传说与民间传统文化中反复出现的主题交织，从珀耳修斯与安德洛墨达的异教神话到民间传说，都成为卡尔帕乔想象力的绝佳素材。我们也可以在第二个场景中看出这一点：骑士用公主的腰带牵着龙走到广场，给它致命一击。国王骑在马上，与站在旁边的公主牵着手，一同观看。这是一场盛大的庆典，城市从此摆脱了噩梦，但每个人都表情严肃。号角声与鼓声响起，我们正目睹一场极刑。圣乔治的剑高高举起，我们所有人都感觉到龙不仅仅是他者，是与我们相异的敌人，但它也是我们的一部分，是我们自己被要求去判断的某样东西。

但所有画作中最生动的都是关于圣哲罗姆的。雅各布·达瓦拉泽是一位广受欢迎且想象力丰富的叙事作家，而圣哲罗姆的生活里只有研究、神学争论、《圣经》文本翻译，达瓦拉泽清楚他们二人的生活大相径庭，所以他在《金色传奇》中沉迷于讲述圣哲罗姆和狮子的故事。卡尔帕乔，这位广受欢迎且想象力丰富的艺术家在《金色传奇》中读到了这一故事情节，于是就将其通过画作展现出来。一头饱受痛苦的狮子出现在修道院里，修士们惊恐得四散而逃，有一人甚至连祈祷书都弄掉了，如同船帆一般的三角形修士服下面露出一截僵硬的小腿。稍远处，画面两侧以及一处台阶上闪现着一些灵巧的身影，甚至孔雀与鹿都出现在逃跑大军中。不过，哲罗姆知道狮子的爪子上扎了一根刺，他给它治疗，狮子则温顺地跟在他身后。这幅画动中有静，描绘的是大家熟悉的威尼斯潟湖的景象，不过，因为圣哲罗姆这个传说发生在东方，所以如同戏剧表演一般，在画面中出现了头巾和异域的奇珍异兽。

艺术家描绘圣哲罗姆的传统方式有两种：一种是将他描绘成书房里的圣人，比如现存于伦敦国家美术馆的安托内洛·达墨西拿的著名画作，在这一类型的画作中，圣人作家哲罗姆时常被误认为另一位圣人作家圣奥古斯丁，因为一个坐在书桌前的人与坐在书桌前的其他人并没有什么两样，而作家这一职业也无法给人其他画面外的提示；然而，我们已经看到卡尔帕乔笔下的圣人在书房里的活动，最初我们认为圣人是哲罗姆，现在我们更倾向于他是圣奥古斯丁，他正望向那道光，聆听圣哲罗姆预告天堂的消息。于我而言，他究竟是圣哲罗姆还是圣奥古斯丁并不重要，重要的是描画书房里的圣人的画作让我一直着迷的原因：这些画作展现的是室内空间，在此通过物体来表现智者生活，空间和物体的秩序与精神状态相对应。或者说，空间和物体的秩序对应着一种躁动不安：乌菲齐美术馆收藏的波提切利绘画的圣奥古斯丁就特别紧张，地上散落着许多纸团。

第二种传统方式是将圣哲罗姆描绘成沙漠中的隐士。说那是沙漠，是因为我们经常会看到一座城市在画面最远处的地平线上露出头角，犹如丢勒的著名版画。但也许这才是隐士的真正意义所在，在不过度脱离他人生活的情况下，寻求自我的孤独感，创造一种毗邻朝市的距离感。这就是圣哲罗姆隐士画吸引我的原因，我非常喜欢那头温顺的狮子，它是控制激情的象征。

在卡尔帕乔的笔下，当圣哲罗姆去世时，狮子是唯一绝望至极的——它在炎热的夏日乡村里悲哀地嘶吼着。那是一个威尼斯的庭院，也可以是一个东方世界，院子里栽着棕榈树，一些奇怪的动物昏昏欲睡……这场景极其平静，平静地接受死亡，那是圣人的生命终点……死亡退居画面的边缘，一个头骨挂在干枯的树枝上，而下颌骨掉落在圣水池边……平淡无奇的生活仍在继续，修士的鼻子、眼睛……

反复凝视这些画作，我相信，这些画作构建了一个独一无二的故事，一个单一角色的一生：从争强好胜的青年时期到充满智慧的老年时期，再到去世。一个人到了人生的某一时刻，都想重新认识自我。关于圣特里福内的画作不如其他画作漂亮，或者说至少没有其他画作保存得完好，要理解这幅画作，我们可以从童年开始讲述他的人生故事。这个特里福内是达尔马提亚的另一位主保圣人，他是一个圣洁的孩子，是鹅的守护神，据传说，他将罗马皇帝的女儿从魔鬼手中解救出来。孩子在皇帝御座前召唤出来的蛇怪与圣乔治用长矛杀死的龙是亲戚——又或许是同一个怪物，只不过这是个幼崽。我们会发现这些场景的基本主题都与一种凶猛的动物有关（蛇怪、恶龙、狮子），也许这些是我们一直装在内心的动物，随着我们的年龄增长而改变形态。在大人们慈爱的注视下，孩子如

维托雷·卡尔帕乔，圣哲罗姆与狮子（收藏于威尼斯的圣乔治信众会会堂）。

同游戏一般把它召唤出来；而年轻时的特里福内就会将它视为敌人，对它发动攻击，他真的想给它致命一击吗？或许他明白，骑士与龙只不过是一个独特形象不可分割的两个元素。最重大的决定将是接受这种存在，[……] 即我们面临的是物种与我们之前的物种的生物遗传，我们集体历史和个人历史的黑暗部分，这一决定也将是让它成为我们活生生的痛苦的影子，与我们内外的自然建立契约，将其破坏性的冲动转化为一股力量，就像贤哲老人的狮子一样。（未出版，1973）

保罗·乌切洛的画作《隐士生活图》（现收藏于佛罗伦萨美术学院美术馆）的局部图。

“保罗·乌切洛的画作中没有鸟。他笔下的世界人山人海，天空却空空荡荡的。当你抬头仰望，看不到任何飞翔或在枝头栖息的鸟儿（当你低头俯视 [……] 最多可以看到两只长脚鹬和三只天鹅）。”（1977e）

年轻的卡尔维诺十分热衷于用著名画家的画作来装饰他的作品封面。这些画家将和谐与冲突、幻想与现实巧妙地结合，能够关注具体事物，既梦幻又朴实，比如博斯、勃鲁盖尔、保罗·乌切洛。像卡尔帕乔一样，在这些描绘动物、讲述故事的画家的画作中，动物都是常见的动物，十分友善，所以推动了身份的交换、变形和奇迹的发生。

1980 年，卡尔维诺。

茂丘
西奥

前页：卡尔维诺在美国曼荷莲学院做讲座。

本页：卡尔维诺于 1980 年搬到罗马马尔齐奥广场的一栋公寓居住，这是公寓楼顶的露台花园。

1980年，卡尔维诺举家迁往罗马，住在马尔齐奥广场的一栋二层公寓中，距离万神殿和众议院大厦几步之遥。他母亲于1978年去世，享年92岁。梅里迪纳别墅被出售，他父母的科学收藏品都捐赠给了圣雷莫图书馆。1973年，卡尔维诺在洛卡马勒的松林中建造的别墅已经完工，此处住所位于格罗塞托市佩斯卡亚堡附近，之后每个夏天卡尔维诺都到此居住，成为最终回国定居的序曲。于卡尔维诺而言，此处也是一处“别处”，是隐藏在林深叶茂中的岛屿。往来的朋友不多，其中经常到访的有彼得罗·西塔提与卡罗·弗鲁泰罗。

[……]我对罗马的所感所想尽在我的新书《帕洛马尔》中。[……]此外，罗马与意大利乃至世界绝大部分地区一样，普遍受控于神经衰弱，是一个充满不必要的麻烦和各种含糊不清的地方，是一个人人争先恐后发表观点与评判，却没人知道沉默的艺术要比言说的艺术更难的地方。（1984g）

伊塔洛·卡尔维诺与他的母亲。

卡尔维诺在位于洛卡马勒
家中的书房里。

左图：卡尔维诺与妻女在罗马马尔齐奥广场家中的阳台上。

宽敞的书房中收藏着福斯托·梅洛蒂的雕塑和斯坦伯格的画作，卡尔维诺将要写作或装订的书稿放在三张桌子上，他带着自嘲式的自豪向朋友们宣告等待他去完成的事业是多么庞大与复杂——仿佛在 1979 年出版的《如果在冬夜，一个旅人》获得了出人意料的巨大成功之后，他只能考虑创作一本由许多书组成的超级书。楼上，一个大房间的落地窗通往一个百花争艳的露台，茉莉花、络石藤、蓝花丹的藤蔓层层叠叠，玫瑰花与栀子花的花盆挤挤挨挨，九重葛的红色瀑布流向旁边的屋顶平台，从那里可以俯瞰整个罗马的古城区。

卡尔维诺似乎只在细微末节的精神探索中，在对日常生活中的动物、物体、事物的外观进行细致入微的观察中寻求慰藉。壁虎陪他度过了无数个夜晚。

与往年夏天一样，壁虎又来到露台上了。有一个绝妙的观察点，可以让帕洛马尔先生观察到壁虎和绿蜥蜴的腹部。帕洛马尔先生的客厅里有一个橱窗式的窗户，朝向阳台，橱窗的每一层都摆放着一系列新艺术运动风格的花瓶。晚上，一只七十五瓦的灯泡照亮了橱窗；攀缘在露台墙上的蓝花丹将天蓝色的花枝搭在橱窗外面的玻璃上。每天晚上，只要开灯，栖息在蓝花丹枝叶下面的壁虎，便会爬到被灯泡照得亮堂堂的玻璃上，像阳光下的蜥蜴一样一动不动。灯光也吸引了很多小飞虫，一旦这些飞虫进入壁虎的捕食范围，它们就会被壁虎一口吞掉。

帕洛马尔先生与夫人每天晚上都会把他们的单人沙发椅从电视机前搬到窗户边；他们从房间里面凝视着夜幕下这只爬行动物的白色轮廓。究竟是看电视呢，还是看壁虎，他们有时也会迟疑不决，因为电视和壁虎都能提供另一方所不能提供的信息：电视节目汇集了来自全球的内容，

卡尔维诺在罗马家中顶楼的会客室。

“我的家是我妻子的杰作。我不会给一个家打上我的烙印。而我妻子有表达自己的天赋，她可以让一个家成为她的或者只是她的家，不受特定时期和文化的千篇一律的陈词滥调的影响。我非常喜欢住在一个令人心情愉悦的家里，但我自己却没有能力让它变成这样。”（1980a）

埃丝特 · 辛格多年收藏的非洲面具和其他具有异域风情的物品。

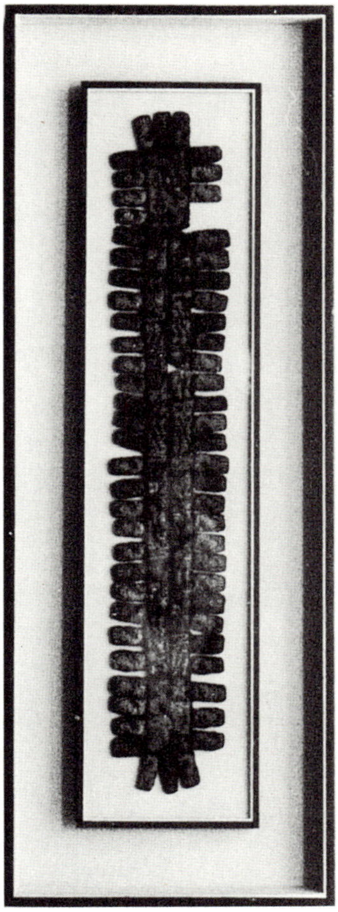

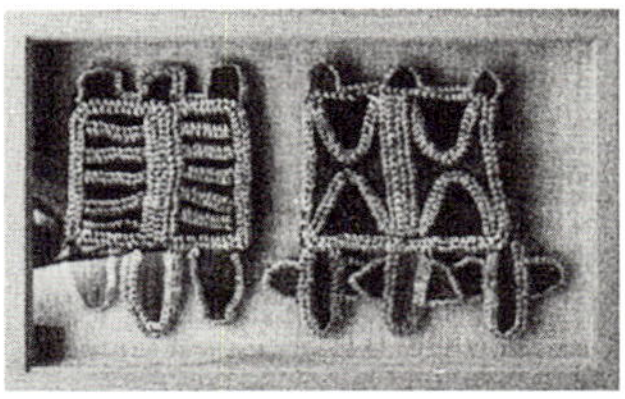

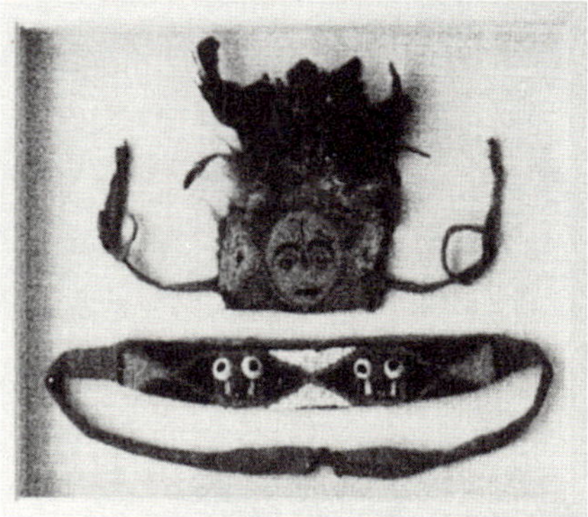

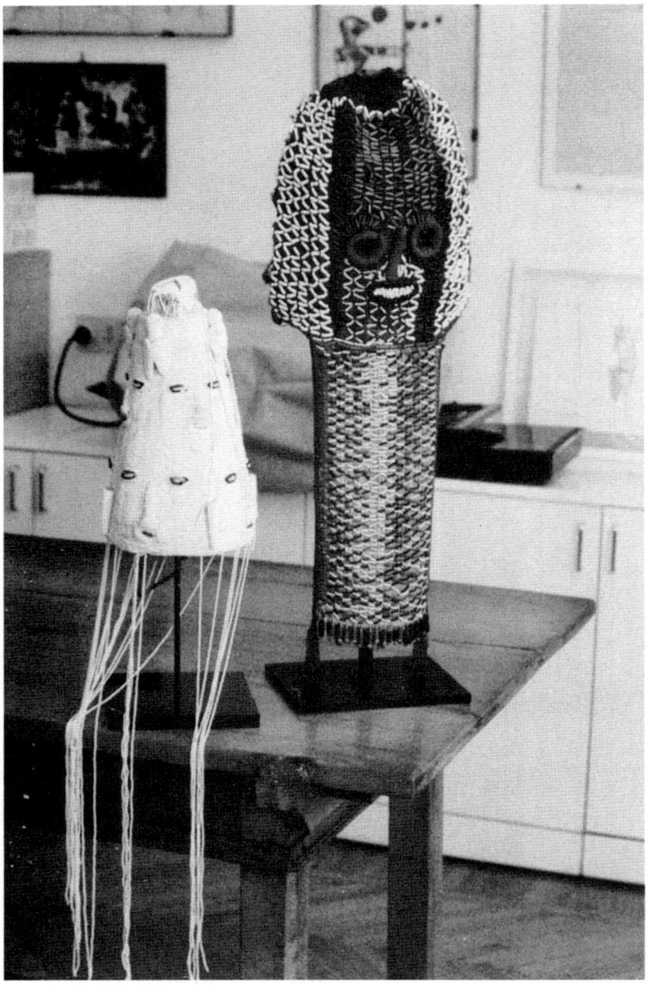

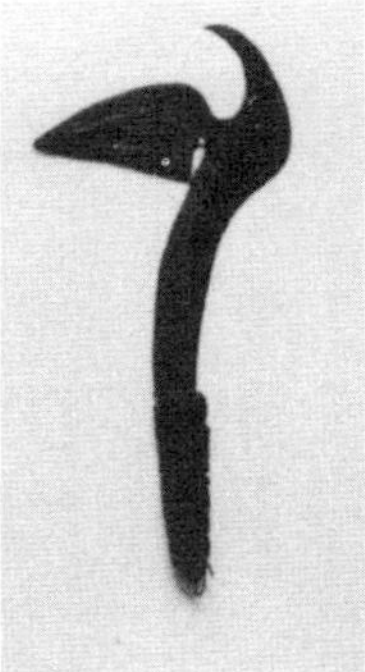

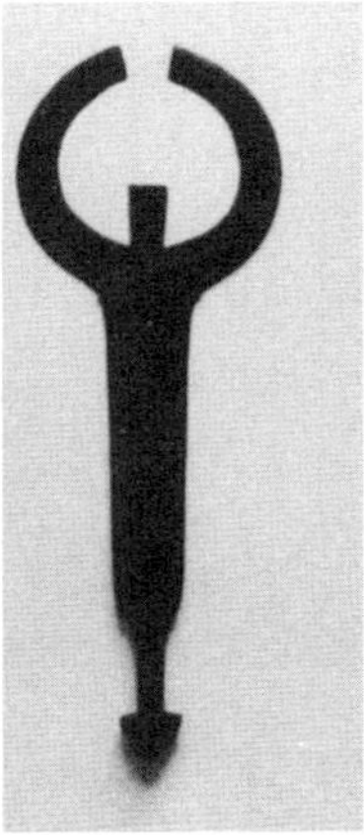

藏书室以及其中的部分藏品。

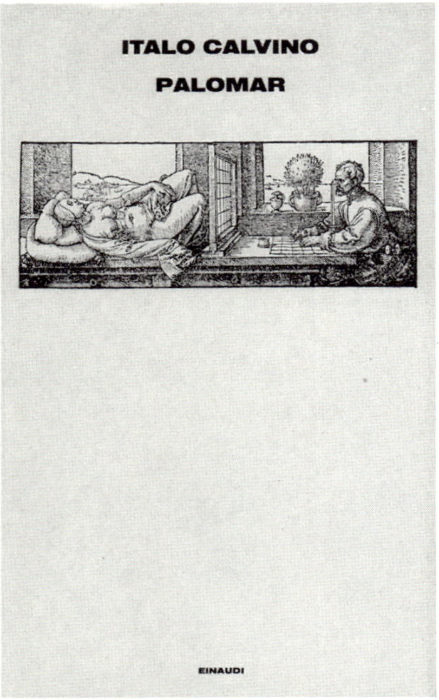

《帕洛马尔》（1983年）的护封，插图为阿尔布雷特·丢勒的画作《画家画卧妇》。“帕洛马尔是一个沉默寡言的人，也许因为他在词语滥用的环境中生活的时间太久，他拦截了所有代码之外的信号，编织了无声的对话，试图构建一种道德，可以让他尽可能长时间地保持沉默。但是，他真的能摆脱浸润了他自身内部和外部的语言世界吗？”（1983f）

给人带来异彩纷呈的光波视觉冲击；而壁虎则纹丝不动，全神贯注，代表了隐藏的一面，即眼睛所见的那一面的反面。

最为特别的是壁虎的四足，脚趾柔软。还有脚趾肚，犹如人的手。趾端的小吸盘可以让它牢牢扒在玻璃上。五趾张开就像幼儿画中的小花瓣，它爬行时，五趾收拢起来如同一朵闭合的花朵，然后再张开压在玻璃上，留下犹如指纹的细小条纹。它的四足纤巧而有力，仿佛潜藏着智慧，只要它们能摆脱黏附在垂直表面的任务，就能获得人类双手的能力。据说，人类双手就是在摆脱了挂在树枝上或扒在地面上的任务之后，变得如此灵巧。

它的四肢弯曲着，胜过任何人的膝盖和手肘，轻盈地支撑着整个躯体。它的尾巴贴在玻璃上，犹如一条中心轴，那些环形条纹沿着中心轴将尾巴一道又一道地缠绕起来，使尾巴变成一件坚固且防御性极佳的工具。尾巴大部分时间都看似懒散懈怠，反应迟钝，仿佛除了辅助支撑功

卡尔维诺在罗马家中的露台上。

卡尔维诺夫妇在巴黎盖内戈路的一家古玩店里。

能之外没有任何才能或雄心（不像蜥蜴的尾巴那般灵活，犹如龙飞凤舞的书法）。但是必要的时候，它也会有反应，并且十分灵活，也极具表现力。

在它的头部可以看到那强健有力且不停振动的喉咙，还可以看到头部两侧那突起的没有眼睑的眼睛。它的咽喉犹如一个柔软的口袋，从那与凯门鳄无二的坚硬且遍布鳞片的下巴尖端一直延伸到白色的腹部。腹部贴在玻璃上，布满颗粒，可能也具有黏附能力。

当小飞虫飞经它的头部附近，它那可以任意变换形状的舌头，便会以迅雷不及掩耳之势伸出来将小飞虫卷入口中。所以，帕洛马尔先生一直都不确定他到底有没有看见它的舌头，但他可以肯定的是，他现在看到了那只进了壁虎喉咙的小飞虫。因为壁虎的肚子紧贴着明亮的玻璃，

画家丹尼尔·玛雅笔下的《帕洛马尔先生的真实画像》。

如同受X射线照射一般，透明可见，可以看到一团黑影般的猎物在整个消化道消化吸收的过程。

如果所有物质都是透明的，我们脚下的土地和我们的皮囊都是透明的，那么一切看起来都不会是无法触及的飘动的面纱，而是充满碾压与吞噬的地狱。或许，此时此刻，坐镇地府的冥界之神正透过花岗岩从下方注视着这一切，按照生死轮回法则，被撕得粉碎的受害者在捕食者的肚子里被消化吸收，直至这个捕食者被吞进另一个捕食者的肚子里。

壁虎可以好几个小时一动不动，只是不时地吐一下舌头吞下一只蚊子或小飞虫。其他昆虫，即使跟蚊子类似，有时没留神落在距离壁虎嘴巴仅几毫米的地方，但壁虎对它们似乎视而不见。难道是因为它的眼睛长在头的两侧，瞳孔竖直，所以看不到它们？还是因为壁虎有我们所不知道的择食标准呢？又或者是因为它的行为不过是偶然行为或一时兴起？

壁虎的四肢和尾巴上有环纹，头部和腹部布满圆斑状的细小颗粒，这让它看起来像是一台机械装置，一台非常精致的机器，简直就是精雕细琢天上有，鬼斧神工人间无。所以，人们不禁要问，既然它完成的动作屈指可数，那么这种完美是否是浪费呢？或者说，这就是壁虎的秘诀：满足于现状，减少不必要的消耗？这是否会成为帕洛马尔先生应该吸取的教训呢？这可与他年轻时的行为准则完全相反——年轻时他总想做一些超出他能力范围的事情。

瞧，一只晕头晕脑的飞蛾碰巧飞入了它的捕食范围。它会视而不见吗？不会，它抓住了飞蛾。它的舌头化作捕蝶网将飞蛾卷入口中。它的嘴巴装得下吗？它会把飞蛾吐出来吗？它会打退堂鼓吗？不会，飞蛾已

1981 年威尼斯电影节，卡尔维诺与妻子埃丝特、
女儿乔万娜在威尼斯。

1982 年初，卡尔维诺与奥克塔维奥 · 帕斯和南尼 · 菲利皮尼在罗马家中的合影。

经进入它的喉咙，已经变得狼狈不堪，还在抽搐，但没有遭到来自捕食者牙齿的伤害，还是蛾子的模样。现在飞蛾已经穿过壁虎那狭窄的喉咙，化作一团阴影，在胀大的食道中开始了漫长而艰难的旅程。

壁虎一改懒散的状态，它张大嘴巴喘着气，晃动着有些痉挛的脖子，四肢和尾巴也摆动起来，面临严峻考验的腹部也跟着扭动起来。今晚它吃饱了吧？它会不会离开？这就是它想要满足的最大愿望吧？这是它想要检验的食量极限了吗？不，它没走，也许它睡着了。一个没有眼睑的动物会睡得怎么样呢？

帕洛马尔先生也没有离开那里，他依旧注视着它。停战永远都是暂时的。即使是打开电视，帕洛马尔先生也是沉浸在对大屠杀的沉思中。那只飞蛾，那个弱小的欧律狄克，慢慢地沉入冥府。瞧，又有一只小飞虫飞来了，正想落在玻璃上。壁虎的舌头又飞速地弹射出来。（1983g）

图里奥·佩里科利画的两幅卡尔维诺像。

从卡尔维诺家的屋顶露台上俯瞰罗马高低错落的屋顶。

曾经，广场上空飞行的鸽子给人们带来了欢乐，而今，它们的后代堕落、肮脏，沾染了一身恶习。它们既不是家禽，也不是野鸟，而是公共机构的一部分，根深蒂固，生生不息。这些数量庞大的长着羽毛的流浪汉统治了罗马的天空，使得其他鸟类的生活举步维艰，曾经自由多彩的空中王国也被那铺天盖地的单调的铅灰色羽毛所取代。

这座古城受到地下成群的老鼠和空中的鸽子的上下夹攻，再也看不到往昔抵抗野蛮人入侵时的英勇，仿佛它认为这不是来自外部敌人的猛攻，而是来自自己内心深处的最为黑暗的先天冲动。[……]

这座城市的真实形态就是这些高低错落的屋顶，新旧交错的瓦片，有拱形瓦、平板瓦，或细长或粗壮的烟囱，用芦苇秆或瓦楞板搭的凉棚，

《文学机器》收录了卡尔维诺从1955年至1980年间撰写的大约40篇文章。该著作的封面插图是斯坦伯格的画作。

“[……]现在，我可以将这些文章结集成册，如此，我可以重读这些文章，也可以让大家再次阅读它们，以此让它们停留在属于它们自己的时空里；与它们保持适当距离，以便可以在正确的光线和视角下审视它们；重新追寻主观与客观的转变和延续的脉络；理解我所处的位置；至此一切尘埃落定。”（1980g）

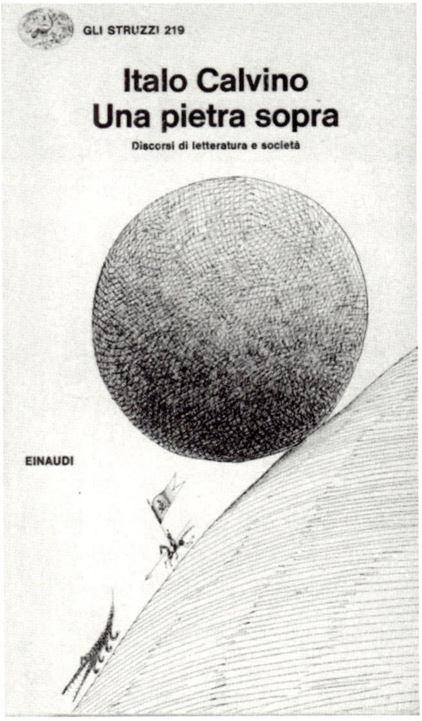

卡尔维诺在罗马家中的书房。

铁栏杆，石头栏杆，花盆架，金属水箱，阁楼，天窗，林立的电视天线有笔直的、弯曲的、上釉的、生锈的、新式的、老式的、树枝状的、牛角状的、网状的，虽说千姿百态，但都如骷髅一般纤细，如图腾一般令人畏惧。如犬牙交错的不规则空间将阳台与阳台间隔开来。这边是穷人家的阳台，晾衣绳上挂着衣服，锌制脸盘里种着番茄；那边是富人家的露台，贴着墙的木架子上爬满了藤蔓，花园式露台里摆放着白色铸铁的桌椅，还配备了卷帘遮阳篷；那些是钟楼，敞廊式的钟室里传来阵阵钟声；那些是公共建筑的正面与侧面；那些是雅典式的顶楼与阁楼，属于私搭乱建的楼顶加高层，但从不会受到处罚；那些是在建的或停工的建筑工

地金属脚手架；那些是拉着窗帘的大窗户和卫生间的小窗户；那些是赭石色和赭色的墙壁；那边，野草从霉迹斑斑的墙壁裂缝中如瀑布般垂下；那些是电梯的塔楼；而那边是带两开或三开式窗户的高塔；那边是教堂的尖顶及其上面的圣母雕像；马与战车的雕像；那边曾经的豪宅如今已经破败，其中有些又经过翻新改建成一个个单身套间；那些远近高低，参差错落的圆屋顶环绕着天空，仿佛在证实这座城市如天后朱诺般的女性魅力。这些带有拱肋的圆屋顶因时间和光照变化呈现出不同的颜色，白色、粉红色、紫色交替变化，其上是灯笼式天窗，最顶上则是更小的圆顶。

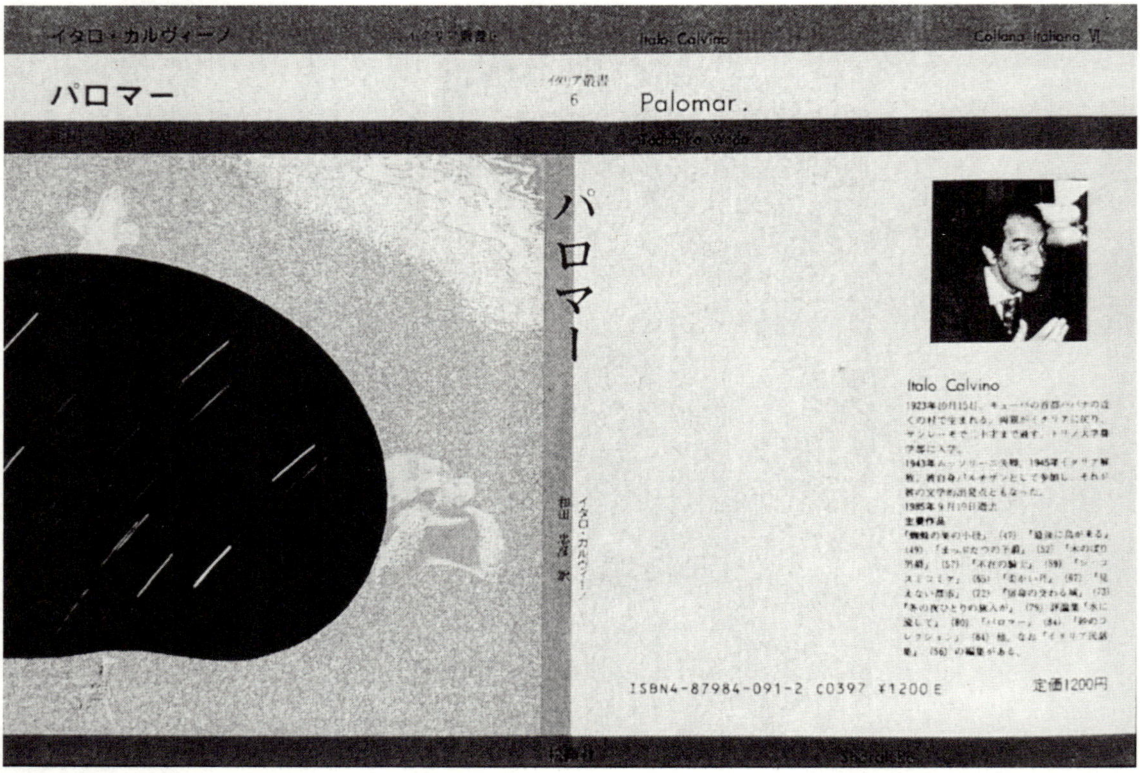

由日本东京的松籁社出版的《帕洛马尔》日文版。

那些徒步或乘车穿梭在城市的石子路上的人是看不到这些的。但是，从这上面往下看，给人的印象就是，真正的地壳就如这石子路一般凹凸不平但很坚实。不过，地壳上有深不见底的裂缝、大断裂带、坑洞、火山口，这些的边缘看似松果的一片片鳞片，人们不会追问它们的深处究竟隐藏着什么，因为表面上的景色已经如此丰富多彩，足以让人头脑里塞满各种信息与含义。（1983h）

1980 年，卡尔维诺将他的一些文章结集成册（即《文学机器》），在对作品进行介绍时，他以一贯的祛魅式口吻写道："社会表现得如同衰竭、滑坡、坏疽（或者就像日常生活一般，表面看来没有那么灾难深重）；分散在裂缝与断层中的文学得以幸存，并且意识到，任何崩塌

二十世纪八十年代初，卡尔维诺在巴黎的阿波利奈尔半身像前。

都不是最后一次，无法避免再次发生崩塌的可能。[……] 他没有因此而丧失勇气，而是努力去理解、建议和创作。相反地，他的一个特征越发明晰，那就是对复杂性、多重性、相关性、多面性的感受，从而在作品中呈现出一种执拗的困惑态度。如果仔细观察，就会发现这个特征从一开始就有显现。”

如今我已步入花甲，我已然明白作家的任务就是做他力所能及的事情：对叙事作家而言，就是讲述、描绘、虚构。多年来，我已不再设定该如何写作的条条框框，宣扬一种文学或另一种文学有什么作用，万一你想写的内容完全不同呢？我花了一些时间才明白，意图并不重要，重

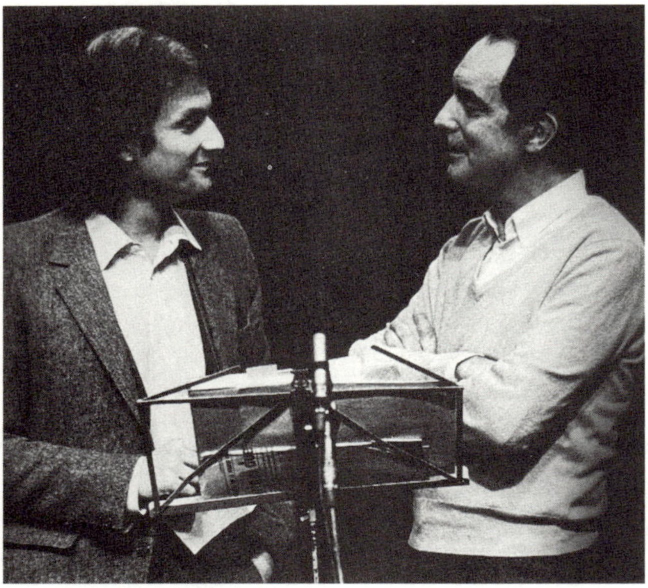

卡尔维诺与萨尔曼·鲁西迪以及两位英国演员在伦敦哈默史密斯的河岸媒体艺术中心介绍短篇小说《冰川》。

要的是实现了什么。所以，这份文学工作也变成了研究自我、了解自我的工作。

我意识到，到目前为止，我几乎没有谈到写作时的乐趣：如果一个人连一点乐趣都感受不到的话，那么肯定创作不出好的作品。对我而言，做我喜欢的事意味着尝试新事物。写作本身就是一种单调而孤独的工作，如果你不断重复，那就会陷入无限绝望。当然，不得不说，即使那些看似我一气呵成的内容，也让我费了不少心思。通常，在作品完成后我才会感到轻松与满足。但重要的是我的读者从中得到乐趣，而不是我。

我想可以说，虽然我总是在尝试新东西，但是至少有一部分读者一直追随着我；我已经让我的读者习惯于期待看到新东西，他们知道，我对我的实验配方永不满足，如果我不断重复，我便会兴味索然。

我的书不属于一出版就卖出几万册，第二年就被人遗忘的畅销书。每年都能看到我的书重印，有些每次发行量达一万到一万五千册，我对此心满意足。

到目前为止，我只谈了意大利，但此次访谈的主题还包括一个意大利作家如何在意大利以外的地方成名。当然，作家的形象会发生变化，因为在意大利，人们是在一个由许多事物、参照点构成的文化背景下，通过作家的所有活动来评判他。在国外，只有那些译作如陨石般从天而降，评论家和公众只有通过它们来猜测它们的原生星球的模样。五十年代末，我的书开始在几个主要国家翻译出版；那段时期各地的翻译风气较之今日更为盛行，因为人们对未来抱有更多期待。但是，有人翻译你的作品并不意味着有读者读你的作品。这是司空见惯的事情，即使在国外，一本翻译的小说印上几千册，报纸上的书评一片溢美之词，书在书店里上架几个星期就消失不见，再见时已躺在半价折扣店，最后就进了造纸厂。大多数情况下，享有国际声誉也就是这么一回事，有很长一段时间我也是如此。在国外我以作家的身份“存在”，也就是近十年的事，主要涉及两个国家：法国和美国。

在法国，当我的书以“口袋书”出版，以及后来在各个出版社的袖珍本系列中面世时，我才算真正开始“存在”。突然间，我开始遇到阅读过我的书的法国人，这在以前从未发生过，尽管很多人都听过我的名字。如今，我所有的书都经常再版，其中不少以袖珍本在市面上流通，可以说在法国，我的成功来自那些不知名姓的读者，而不是评论家。

在美国，情况则完全相反：我的名字首先得到了一些重要的文学评论家的肯定（比如戈尔·维达尔，可以说是他让我在美国崭露头角），还有那本与美国人的阅读习惯相去甚远的《看不见的城市》。即使在如今的美国，我主要还是《看不见的城市》的作者，这本书似乎深受诗人、建筑师和大学生的喜爱。我所有的书都以“商业平装书”的形式再次出版，是中等品质的平装书，读者主要是广大学生。当时当《意大利童话》（意大利语版面世二十五年后）完整英译本出版时，可以说是出人意料地获得了“大众化”的成功。

此时，我可以开始向自己提出新问题了，那就是研究我在世界文学中的定位。不过，说实话，我素来认为文学思考应该跨越国界，因此这对我来说不是问题。正如我作为一名意大利作家，与外国人眼中的意大利人刻板印象背道而驰，但我从来不觉得有必要解释我如何以及为什么只能是意大利人。总之，在我剩下的岁月里，也许是时候接受我自己，写我想写的东西；或者如果我发现无话可说，就辍毫栖牍了吧。（1984b）

卡尔维诺与博尔赫斯在罗马艾克塞西尔酒店。

“当代文学体裁中新近的最伟大发明是由短篇小说大师博尔赫斯完成的。这一发明也让他发现了自己的叙述才能。就像哥伦布竖鸡蛋一样，他打破了限制他的障碍，在他近四十岁时由写评论文转向写小说。博尔赫斯的想法是，设想他准备写的书已经由别人创作完成了，由一个不知名的假想的作者完成了。这位作者使用另一种语言，属于另一个文化背景，而博尔赫斯的任务就是去描述、复述、评论这本假想的作品。在博尔赫斯的传说中，有这样一则逸闻：1940 年博尔赫斯用这种方法创作出来的第一部短篇小说《接近阿尔莫塔辛》在《南方》杂志上发表之后，竟然真的有人认为它是对某位印度作家的小说的评论。同样，对博尔赫斯的批评也都必然会考虑到这一点，他发表的每一部作品都会通过借用想象的或真实的图书馆里的图书，通过古典的、渊博的或臆造的读物来成倍延展他作品中的空间。我最想强调的是，博尔赫斯在清新、朴实、流畅的语句中，畅通无阻地找到了接近无限的开阔思路；他的叙述简明扼要，而用词准确贴切，他的创造性体现在叙事节奏变换，句法结构多样，形容词的运用总是出人意料又令人拍案叫绝。”（1985e）

费德里科·费里尼。

“费里尼是当今从事创造性活动的人中最聪明、最敏感的人之一。他注重实际，具备诗人的首要品质；具有真正的叙事者的才能，能够在细微末节中把握人物、环境和各种情状的独特性；拥有献身工作的工匠精神，如若缺乏这种精神，任何想法都无法转化为艺术佳作。他拥有强烈的好奇心，构建了一个具有内在连贯性、理性和神秘感的世界形象。此外，他还具有高尚的道德情操，这一品质无须宣扬，就自然而然地展现出来。这些都是费里尼的品质，当然，这些简单的品质不足以描画出他的艺术才华，不过却是艺术才华的必要条件，因此，我认为我们必须由此阐释这位电影大师的非凡魅力。”（1985h）

这一时期，卡尔维诺依旧步履不停，旅行还在继续：1983 年，在巴黎，他被任命为法国高等研究实践学院的研究主任，为期一个月，并且在格雷马斯主持的研讨会上发表了关于“伽利略的科学与隐喻”的演讲；在纽约，他发表了题为《文字世界与非文字世界》的演讲。1984 年 4 月，他去了妻子的故乡阿根廷；9 月，他在塞维利亚参加了关于奇幻文学的会议，博尔赫斯也应邀参加了会议。埃丝特告诉这位已经失明的高龄作家，在场欢迎他的人中有卡尔维诺。博尔赫斯说：“我从沉默中认出了他。”

卡尔维诺与他的雕塑家朋友福斯托·梅洛蒂在洛卡马勒。

1985 年，他以优美的文字翻译了格诺的《苯乙烯的圣歌》，这部非商业性出版物是献给蒙特爱迪生公司的开年礼物。格诺于 1957 年创作的这部作品是对阿伦·雷乃的一部纪录片的评论。为了克服文本中技术性极强的词汇难题，卡尔维诺曾向普里莫·莱维求助："有一部分我完全看不懂：tamis，jonc，filière，boudin［……］我发给你的这部分，是想让你根据含义，帮助我找到韵脚。如果不押韵，就丢掉了格诺作品的灵魂。"（1985i）

这年夏天，他最重要的工作就是，为秋季即将在哈佛大学举行的"诺顿讲座"准备了六份讲稿。此前几年，这闻名遐迩的讲座是由艾略特、伊戈尔·斯特拉文斯基、博尔赫斯、帕斯主持的，此次是第一次由一位意大利作家来主持讲座。这是一项艰巨的任务，耗费了卡尔维诺的所有

二十世纪六十年代的弗拉基米尔·纳博科夫。跟康拉德一样，这位俄国作家精通一门非母语语言："如果要说近些年来我最喜欢的，并且多少影响过我的作家，我想说那就是弗拉基米尔·纳博科夫：伟大的俄裔英语作家，他发明了一种极为丰富多彩的英语，他实在是一位伟大的天才，本世纪最伟大的作家之一，也是我最为认同的作家。当然，他极为玩世不恭，极其冷酷，但真的是最伟大的作家之一。"（1984c）

精力，迫使卡尔维诺在《未来千年的六篇备忘录》（在他去世后以《美国讲稿》为题发表）中凝练了他一生的经验与反思。

9月6日午后，卡尔维诺在洛卡马勒的家中突患中风。他被紧急送往格罗塞托医院，由于病情十分危急，后来又被送往锡耶纳的圣玛丽亚·德拉·斯卡拉医院住院并接受了手术。就在临床表现似乎好转时，9月18日夜间至19日凌晨，卡尔维诺因脑出血与世长辞。他被安葬在佩斯卡亚堡一处向阳的墓地，一座简单的墓碑掩映在络石藤下。

娜塔莉亚·金兹伯格后来回忆说："卡尔维诺生前，我见到他的最后一面是在锡耶纳的一间病房里，那是他接受头部手术后的第二天。他

卡尔维诺在家中的沙发上工作。

的头上缠着绷带，赤裸的双臂放在被子外面，皮肤晒得黝黑，肌肉强壮有力。当时他正昏昏欲睡。他的脸庞圆润，呼吸平静而健康，面容没有一丝痛苦，显得十分平静。我以为他很快就会痊愈，很快就能从那张病床上站起来。他看着静脉输液管，说道：‘我看起来像一盏吊灯。’他女儿走进来问他：‘我是谁？’他说：‘你是乌龟。’一名医生问了他几个问题，然后问道：‘我是谁？’他答：‘警察局长。’对于那些爱他的人来说，这些话就是一份珍贵的礼物，表明他还是那个他，没有丝毫改变，乌龟、吊灯、警长等各式人物依旧在他的脑海中盘旋，挥之不去。”（1985l）

卡尔维诺在威尼斯利多岛的海滩。

卡尔维诺接受阿尔贝托·西尼加利亚的采访时留下了一份影像资料，很好地为我们还原了卡尔维诺谈话与说理时的情形。阿尔贝托·西尼加利亚让他“为2000年说三个关键词，三个法宝”，他回答说：

啊！背诵诗歌，很多诗歌，不论你是儿童，还是青少年，还是老人。如果一个人在精神上不断重复这些诗歌，那么它们将伴随他一生。记忆的发展是非常重要的。

其次，专注于困难的、需要发挥到极致的事情，需要努力的事情；警惕简单的、肤浅的、为了做而做的事情。反对现在各方面强加于语言的抽象性。不仅在语言上也包括在所做事情上，要专注于精确。

第三，要知道我们现在所拥有的一切随时可能消失。这并不是说我们要放弃一切，相反，我们要比以往任何时候都更加享受其乐趣，但同时要知道我们现在所拥有的一切随时可能烟消云散。（1981c）

1984年12月，《纽约时报书评》采访了一些名人，问他们想成为哪个文学人物。卡尔维诺是这样回答的：

我想成为茂丘西奥。他具有很多美好的品质。首先，我钦佩他在那个野蛮的世界中所具有的轻盈、奇妙的幻想，他是描绘麦布女王的诗人，另外，我还钦佩他在凯普莱特与蒙太古的深仇宿怨中所具有的智慧和充满理性的声音。茂丘西奥遵守旧的骑士精神准则，甚至付出了生命的代价，也许这只是出于作品风格的需要，但他是一位现代的、充满怀疑精神和讽刺精神的人，是非常清楚什么是梦幻和什么是现实的堂吉诃德，他穿梭在现实与梦幻之间，一直心明眼亮。

参考书目

1943 《干涸的河流》，收录在《在你说“喂”之前》，米兰：蒙达多利出版社，1993 年。

1946 《山羊在看着我们》，出自 11 月 17 日都灵版的《团结报》。

1947 《通向蜘蛛巢的小径》，都灵：埃伊纳乌迪出版社。

1948 《稻田旁的杨树林，女工们的“电影城”》，出自 7 月 14 日都灵版的《团结报》。

1949 《墨西拿的妇女》，出自 6 月 1 日都灵版的《团结报》。

1952 《分成两半的子爵》，都灵：埃伊纳乌迪出版社。

1952a 对《文化与戏剧的分裂》的答复，收录在杂志《幕布》第 74 期，6 月。

1953 《进入战争》，收录在《进入战争》，都灵：埃伊纳乌迪出版社，1954 年。

1953a 《异乡人在都灵》，收录在《巴黎隐士》，米兰：蒙达多利出版社，1994 年。

1953b 2 月 9 日写给拉拉·罗马诺的信，收录在《卡尔维诺书信集》，都灵：埃伊纳乌迪出版社，1991 年。

1954 3 月 13 日写给多梅尼科·雷亚的信，收录在《卡尔维诺书信集》，都灵：埃伊纳乌迪出版社，1991 年。

1954a 《国家防空联合会的晚上》，收录在《进入战争》，都灵：埃伊纳乌迪出版社，1954 年。

1954b 《康拉德的船长》，收录在《为什么读经典》，米兰：蒙达多利出版社，1991 年。

1957 《树上的男爵》，都灵：埃伊纳乌迪出版社。

1957a 《与卡尔维诺的会面》（由朱塞佩·马扎利亚采访），出自杂志《一周要点》，第 46 期，11 月 16 日。

1957b 《抵抗运动带我入世》（由恩佐·马伊扎采访），《讨论》第 V 期，总第 210 期，1957 年 12 月 29 日，收录在《我生于美洲》，伊塔洛·卡尔维诺，米兰：蒙达多利出版社，2012 年，第 33—34 页。

1959 对《关于长篇小说的九个问题》的最终答复，出自杂志《新话题》，第 38—39 期，5 月—8 月。

1959a 《帕韦塞是我的理想读者》，由罗伯特·德·蒙蒂切利采访，《意大利日报》，8 月 18 日。

1959b 《当今意大利小说的三个流派》，收录在《文学机器》，都灵：埃伊纳乌迪出版社，1980 年。

1959c 3 月 5 日写给乔万尼·阿尔皮诺的信，收录在《卡尔维诺书信集》，都灵：埃伊纳乌迪出版社，1991 年。

1960 《专访画像》，收录在《巴黎隐士》，米兰：蒙达多利出版社，1994 年。

1960a 《法西斯治下的童年》，收录在《巴黎隐士》，米兰：蒙达多利出版社，1994 年。

1960b 《分成两半的共产党员》，收录在《巴黎隐士》，米兰：蒙达多利出版社，1994 年。

1961 《娜塔莉亚·金兹伯格或资产阶级小说的可能性》，出自杂志《文学欧洲》，第 9 期—10 期，6 月—8 月。

1962 《圣约翰之路》，收录在《圣约翰之路》，米兰：蒙达多利出版社，1990 年。

1962a 《艰苦岁月中的一代》，收录在《巴黎隐士》，米兰：蒙达多利出版社，1994 年。

1963 《伊塔洛·卡尔维诺》，收录在 A. 阿尔巴西诺编著的《六十个见解》，米兰：费尔特里内利出版社，1971 年。

1963a 《观察者》，都灵：埃伊纳乌迪出版社。

1964 《宇宙奇趣》，出自杂志《咖啡》第4期，11月。

1966 卡尔维诺为帕韦塞的《1945年—1950年书信集》的封面内折页撰写的内容（未署名），该书由卡尔维诺编辑，都灵埃伊纳乌迪出版社出版。

1966a 《纪念维托里尼》，出自杂志《比较》第10期，7月—9月。

1967 《埃内斯托·切·格瓦拉逝世的声明》，10月，资料来源不明。

1968 《没有继承人的作家》，摘自《未出版的费诺利奥的作品》，收录在阿斯蒂研究院的《手册》6月特刊。

1969 《阅读：中学文学选集》（卡尔维诺与萨利纳里共同主编），第二卷，博洛尼亚：扎尼凯利出版社。

1969a 《阅读》，第一卷。

1970 《一个摄影师的奇遇》，收录在《困难的爱》，都灵：埃伊纳乌迪出版社，1970年。

1970a 《困难的爱》的前言，都灵：埃伊纳乌迪出版社，1970年。

1971 《谈傅立叶（其一）：爱的社会》，收录在《文学机器》，都灵：埃伊纳乌迪出版社，1980年。

1972 《看不见的城市》的前言，米兰：蒙达多利出版社，1993年。

1973 伊塔洛·卡尔维诺、福尔科·奎里奇：《利古里亚》，奇尼塞洛巴尔萨莫：西尔瓦娜美术出版社。

1973a 《伊塔洛·卡尔维诺》，出自《作家的职业：批判性对话》，费迪南多·卡蒙主编，米兰：加尔赞蒂出版社。

1973b 《文学梅那坡》的前言，多纳泰拉·菲亚卡里尼·马尔基主编，罗马：大学出版社。

1973c 《谈傅立叶（其三）：告别词，乌托邦的尘埃》，收录在《文学机器》，都灵：埃伊纳乌迪出版社，1980年。

1974 《一个观众的自传》，收录在《圣约翰之路》，米兰：蒙达多利出版社，1990年。

1974a 《见证阿蒂利奥·达比尼》，收录在阿蒂利奥·达比尼：《图斯科的公牛》，佛罗伦萨：瓦莱奇出版社。

1974b 《〈团结报〉创立五十周年：1924年—1974年》，《团结报》增刊，2月10日。

1974c 《巴黎隐士》，收录在《巴黎隐士》，米兰：蒙达多利出版社，1994年。

1976 《关于肖像摄影》，收录在卡罗·加亚尼：《肖像，身份，面具》，波伦扎－马切拉塔：新报出版社。

1976a 《穿紫色和服的老太太》，收录在《收藏沙子的旅人》，米兰：加尔赞蒂出版社，1984年。

1977 《亦师亦友》，出自月刊《每月书籍索引》，4月。

1977b 《可爱的垃圾桶》，收录在《圣约翰之路》，米兰：蒙达多利出版社，1990年。

1977c 《格劳乔的雪茄》，收录在《文学机器》，都灵：埃伊纳乌迪出版社，1980年。

1977d 《以第一人称叙述的笔：论索尔·斯坦伯格的绘画作品》，收录在《文学机器》，都灵：埃伊纳乌迪出版社，1980年。

1977e 《保罗·乌切洛的鸟》，本文是卡尔维诺为达里奥·塞拉的三幅版画《画家保罗·乌切洛》撰写的配文，由米兰谢威勒出版社出版。

1978 《一九七八》，收录在《巴黎隐士》，米兰：蒙达多利出版社，1994 年。

1979 《伊塔洛·卡尔维诺》（由马尔科·德拉莫采访），《工人世界》第 6 期。

1979a 《我也曾是斯大林主义者？》，收录在《巴黎隐士》，米兰：蒙达多利出版社，1994 年。

1979b 《如果在冬夜，一个旅人》，都灵：埃伊纳乌迪出版社。

1979c 《弗朗西斯·蓬热》，收录在《为什么读经典》，米兰：蒙达多利出版社，1991 年。

1979d 《致敬弗朗切斯科·门齐奥》（由伊娃·门齐奥和路易吉·卡卢西奥策划的展览），都灵，12 月。

1980 《自传》，出自杂志《大巴扎》第 10 期，1980 年 9 月—10 月刊，第 133 页。

1980a 《如果在秋夜，一位作家……伊塔洛·卡尔维诺的自我对话》，由卢多维卡·里帕·迪·麦阿纳编辑，出自杂志《欧洲》11 月 17 日刊。

1980b 《一九五六年的夏天》，收录在《巴黎隐士》，米兰：蒙达多利出版社，1994 年。

1980c 《我们的祖先》三部曲的英译本的意大利语版前言，伦敦：塞克与瓦尔堡出版公司。

1980d 《悼念罗兰·巴特》，收录在《收藏沙子的旅人》，米兰：加尔赞蒂出版社，1984 年。

1980e 《石头之下》，出自《共和报》，4 月 15 日。

1980f 《盗窃艺术》，卡尔维诺与图里奥·佩里科利谈论佩里科利的展览“盗窃克利”，米兰米廖内画廊。

1980g 《文学机器》的前言，收录在《文学机器》，都灵：埃伊纳乌迪出版社，1980 年。

1981 《浪漫主义》，出自期刊《新文学选集》，第 2138 期，4 月—5 月刊。

1981a 《见证费利切·巴尔博》，出自杂志《空间》，第 18 期，3 月。

1981b 《蒙塔莱的悬崖》，收录在《为什么读经典》，米兰：蒙达多利出版社，1991 年。

1981c 《人的年龄》，收录在《距 2000 年尚有二十年》，都灵：埃利出版社，1982 年。

1982 《佩雷克，地精，卡巴拉学家》，出自《意大利共和报》，3 月 6 日。

1982a 《翻译是阅读文章的最好方式》，出自《信息公报》，第 3 期，1985 年 9 月—12 月刊。

1983 保拉·德西娜·隆巴蒂为意大利广播电台三频道采访录制的纪录片，《雷蒙·格诺：关于存在的游戏》。1989 年 12 月 3 日，部分内容以《卡尔维诺看起来像银行经理》为题发表在杂志《图书大全》上。

1983a 《乌力波人乔治·佩雷克》，收录在《长篇小说与短篇小说集》卷 3，米兰：蒙达多利出版社，1994 年。

1983b 《与佩萨罗的大学生的会面》，佩萨罗：佩萨罗市人民银行，1987 年。

1983c 《走近展览》，出自杂志《FMR》，第 15 期，7 月—8 月刊。

1983d 《寂静与城市》，出自杂志《FMR》，第 16 期，9 月刊。

1983e 《多梅尼科·格诺利风格的静物画》，出自杂志《FMR》，第 13 期，5 月刊。

1983f 《帕洛马尔》的封面折页内容，都灵：埃伊纳乌迪出版社，1983 年。

1983g 《壁虎的肚子》，收录在《帕洛马尔》，都灵：埃伊纳乌迪出版社，1983 年。

1983h 《从阳台上》，收录在《帕洛马尔》，都灵：埃伊纳乌迪出版社，1983 年。

1984 关于关闭电影院的声明，选自科斯坦佐·科斯坦蒂尼于 6 月 19 日发表在《信使报》上的文章《失落的仪式》。

1984a 《吃惊的诗人的不可抗拒的讽刺》，出自《意大利共和报》，3 月 6 日。

1984b 《成功背后》，收录在《巴黎隐士》，米兰：蒙达多利出版社，1994 年。

1984c 《我的家乡是纽约》，收录在《巴黎隐士》，米兰：蒙达多利出版社，1994 年。

1984d 《佩雷克与马的跳跃》，出自《意大利共和报》，5 月 16 日。

1984e 《米哈拉布》，收录在《收藏沙子的旅人》，米兰：加尔赞蒂出版社，1984 年。

1984f 《骑士别史》，出自《新观察周刊》，2 月 10 日—16 日。

1984g 《卡尔维诺十五问》，由科斯坦佐·科斯坦蒂尼采访，《花花公子》第 8 期，8 月刊。

1985 埃乌杰尼奥·斯卡尔法里：《当我们十八岁……》，出自《意大利共和报》，9 月 20 日。

1985a 《玛丽亚·寇尔提的采访》，收录在《巴黎隐士》，米兰：蒙达多利出版社，1994 年。

1985b 1 月 24 日写给卢卡·巴拉内利的信，《阴影线》第 12 期，11 月刊。

1985c 《活好每一秒钟，打败悲惨的历程》（米凯莱·内利的采访），出自《全景月刊》，第 IV 期，1 月。

1985d 《从巴斯特·基顿到彼得·汉德克》，出自《快讯杂志》，6 月 30 日。

1985e 《美国讲稿》，米兰：加尔赞蒂出版社，1988 年。

1985f 《我说过……》，出自《意大利共和报》，3 月 31 日—4 月 1 日。

1985g 《世界不是一本书，但我们照读不误》（海伦·哈斯、伯克哈特·克罗伯、乌尔里希·威斯与卡尔维诺的对话），出自《杂谈录》第 1 期，1986 年 4 月。

1985h 《简单的品质》，收录在《费德里科·费里尼金狮奖：1985 年威尼斯国际电影节》，罗马：意大利电影业协会。

1985i 8 月 10 日写给普里莫·莱维的信，收录在雷蒙·格诺《苯乙烯的圣歌》，卡尔维诺译，米兰：谢威勒出版社。

1985l 娜塔莉亚·金兹伯格：《太阳与月亮》，出自《图书指南月刊》，10 月刊。

照片出处 [1]

Archivi Alinari, Firenze: p. 246 a destra

Archivi Farabola: Archivi Farabola: p. 124 in alto, p. 158; Dufoto/Archivi Farabola; p. 101 a destra

Archivio Calvino (Biblioteca Nazionale Centrale di Roma): pp. 13, 14, 15, 16, 17, 19, 20, 21, 22, 23, 24, 25, 28, 29, 30, 31, 32, 33, 36, 37, 39, 40, 42, 43, 48, 51, 56, 57, 59, 67, 70, 71, 72, 75, 77, 87 a destra, 94, 97, 107, 134 sopra, 135, 136, 137, 142 sopra, 144, 145, 146, 148, 153, 159, 161 sopra, 162, 163, 164, 165, 175, 177, 178, 179, 187 inbasso, 188, 189, 201, 202, 222, 230, 242, 248, 254, 260, 302, 303, 306, 308, 309, 310, 311, 317, 318, 320

Archivio Istituto Storico della Resistenza e dell'Età Contemporanea di Imperia, Archivio fotografico ISRECIm: pp. 70, 76

Archivio Moreschi: pp. 25, 26, 35, 41, 44 in basso, 47, 52

Archivio Storico della Citta di Torino, Fondo Sergio Chiambaretta: pp. 93, 130

Archivio storico Einaudi: per gentile concessione Giulio Einaudi editore (Foto Gonella), per le copertine delle pp. 110, 155, 170, 194, 196, 197, 210, 218, 247 a destra, 249, 250, 285, 312, 321. Le restanti copertine delle edizioni Einaudi, per gentile concessione Giulio Einaudi editore.

Biblioteca Civica di Sanremo, fondo Mario Calvino: p. 17

Bridgeman images: © Federico Garolla / Bridgeman images p. 192; © Sophie Bassouls. All rights reserved 2022 / Bridgeman Images p. 325

Contrasto: Angelo Palma/A3/Contrasto: pp. 105, 123; © Sebastião Salgado/Contrasto pp. 276, 314, 322, 323

Fotografi: Sophie Baker / ArenaPAL p. 244; Jerry Bauer p. 183; © Giovanna Borgese: pp. 241, 283; © Silvia lelli / Lelli e Masotti Archivio: p. 313; Giulio Bollati © Albertina Bollati: pp. 171, 193 in basso; Carla Cerati / Archivio Elena Ceratti: pp.127 a sinistra, 186 in alto, 187 in alto, 212-214, 224-225, 228; @pepefernandez.ph Galleria Vasari pp. 255, 270, 299; Thomas Jacob p. 301; Jill Krementz p. 254 in basso; Jean Lattes p. 175; J. Nisberg p. 185; Renate von Mangoldt pp. 251, 304-305; Ugo Mulas © Eredi Ugo Mulas. Tutti i diritti riservati: pp. 176, 182, 204-205; © Giulio Paolini. Courtesy Fondazione Giulio e Anna Paolini, Torino: p. 278; Massimo Perelli/Rosebud2: pp. 329, 336-337; Michel Random pp. 264; Luca Romano p. 265

Getty Images: AFP/Getty images p. 262 alto; Indipendent Picture Service/ Universal Images Group/Getty Images p. 236; The Asahi Shimbun/Getty images pp. 262-263; Touring Club Italiano/Marka/ Universal Images Group/Getty Images pp. 88-89

1 标注页码为原文页码。

Illustrazioni: Daniel Maja p. 315; © Tullio Pericoli p. 319

Lapresse: Publifoto/Olycom/Lapresse p. 90

Mondadori Portfolio: Album/Mondadori Portfolio: p. 229; Akg images /Mondadori Portfolio p. 287; Archivio Mauro Galligani/ Mondadori Portfolio p. 330; Archivio Mario De Biasi per Mondadori Portfolio: pp. 150–151; Antonio Quattrone/ Archivio Antonio Quattrone/Mondadori Portfolio, su concessione del Ministero della Cultura, p. 298; Bridgeman images/ Mondadori Portfolio : pp. 85 a sinistra, 108 in alto, 217, 269; Courtesy Everett Collection/Mondadori Portfolio: pp.55 a destra, 238, 257; CSU Archives/Everett Collection/Mondadori Portfolio: p. 180; Emilio Ronchini/Mondadori Portfolio: p. 167; © Erich Lessing/K&K Archive/ Mondadori Portfolio p. 281; Fototeca Gilardi/Mondadori Portfolio: p. 81 in alto; Keystone Pictures USA/Mondadori Portfolio: p. 55 a sinistra; Lux Film/Ronald Grant Archive/Mondadori Portfolio: p. 86; Mauro Magliani/ Archivio Mauro Magliani/ Mondadori Portfolio pp. 288–289; Manuel Bidermanas/AKG images/ Mondadori Portfolio: pp. 203; Mondadori Portfolio: pp. 79, 118–119, 141; Paolo e Federico Manusardi/Electa/Mondadori Portfolio pp. 290–291, 294–295; Paramount Pictures/Album/Mondadori Portfolio: p. 54; Zuma Press/Mondadori Portfolio: p. 209

Shutterstock: Kiev. Victor/Shutterstock p. 227

出版社已尽一切努力寻找图片的著作权所有者。如有遗漏，请立即与我们联系，我们将及时处理。

图书在版编目（CIP）数据

生活在树上：卡尔维诺传 /（意）卢卡 · 巴拉内利，（意）埃内斯托 · 费里罗编著 ；毕艳红译. -- 南京 ：译林出版社，2023.10

（卡尔维诺百年诞辰纪念版）

ISBN 978-7-5447-9737-5

Ⅰ.①卡… Ⅱ.①卢… ②埃… ③毕… Ⅲ.①卡尔维诺(Calvino, Italo 1923-1985)－传记 Ⅳ.①K835.465.6

中国国家版本馆CIP数据核字（2023）第084401号

著作权合同登记号　图字：10-2018-427号

生活在树上：卡尔维诺传　［意］卢卡 · 巴拉内利　埃内斯托 · 费里罗 / 编著　毕艳红 / 译

责任编辑　金　薇
装帧设计　韦　枫　曹沁雪
校　　对　孙玉兰　戴小娥
责任印制　闻媛媛

原文出版　Oscar Mondadori, 2022
出版发行　译林出版社
地　　址　南京市湖南路1号A楼
邮　　箱　yilin@yilin.com
网　　址　www.yilin.com
市场热线　025-86633278
排　　版　南京新华丰制版有限公司
印　　刷　南京爱德印刷有限公司
开　　本　889毫米 ×1194毫米　1/16
印　　张　20.5
版　　次　2023年10月第1版
印　　次　2023年10月第1次印刷
书　　号　ISBN 978-7-5447-9737-5
定　　价　108.00元